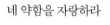

네 약함을 자랑하라

네 약함을 자랑하라

이효진 지음

규장

하늘나라에 계신
사랑하는 엄마에게 바칩니다

예수님의 길

나는 다시 태어나도
하나님의 선택받은 자녀로 태어나고 싶습니다.
만약 화상을 입지 않고 정상적인 모습으로 살다가
예수님을 만나지 못하고 지옥에 간다면
나는 차라리 지금의 삶을 택하고 싶습니다.
예수님 없는 내 삶은 지옥이었습니다.
예수님 없는 다치지 않은 얼굴과
예수님을 만난 화상 입은 얼굴
두 가지 중 하나를 택하라고 한다면
나는 후자(後者)를 선택할 것입니다.

내게 영원한 기쁨과 생명을 주신 예수님께서
나를 위해 자신의 생명을 십자가에서 버리셨기에
나도 내가 가진 모든 것을 주님께 드리고 싶습니다.
주님의 은혜는 내 심장을 떨리게 하고
나의 두 눈에 뜨거운 눈물이 흐르게 합니다.
이제 나의 머리부터 발끝까지
전부 당신께 쓰임받은 후
영원한 나라에 들어가고 싶습니다.
이 세상은 잠시 머무는 곳이기에
나는 그 나라를 위해 나의 모든 삶을 불태울 것입니다.
나를 쓰시옵소서.
당신께 드립니다.

손기철 장로(HTM 대표, 건국대학교 교수)

그녀에게 찾아온 크신 하나님의 사랑

사랑하는 자들아 우리가 서로 사랑하자 사랑은 하나님께 속한 것이니 사
랑하는 자마다 하나님께로 나서 하나님을 알고 사랑하지 아니하는 자는
하나님을 알지 못하나니 이는 하나님은 사랑이심이라 요한일서 4:7,8

HTM(Heavenly Touch Ministry) 대표로서 가장 큰 감사와 기쁨은 함께하
는 동역자들의 삶의 변화를 지켜보는 것입니다. 인간의 지혜나 권면을
나누기보다는 함께 기도하고, 떡을 떼고, 사랑을 나눕니다. 그럴 때 오
직 여호와의 신(神)이 우리를 어떻게 만지시는가를 경험하게 됩니다.
이 책의 저자인 효진 자매도 그 동역자들 중 한 사람입니다. 나는 효진
자매의 삶을 통하여 하나님을 더 알아가고 있습니다.

효진 자매와 함께 삶을 나눌 때마다, "그런즉 누구든지 그리스도 안
에 있으면 새로운 피조물이라 이전 것은 지나갔으니 보라 새것이 되었
도다"(고후 5:17)라는 진리의 말씀을 깨닫게 됩니다. 과거의 모든 비(非)
성경적인 경험들을 지워버리고, 새 마음판에 주의 말씀을 기록하고,
그 말씀대로 삶을 바꾸는 그녀의 아름다움을 볼 때마다 하나님께 감사
드리지 않을 수 없습니다. 진정 그녀는 이 땅에 도래(到來)한 하나님나
라의 백성이고, 하늘 미인 '미스 헤븐(Miss heaven)'입니다.

나는 그리스도의 영(靈)으로 새롭게 된 자매의 마음과 그녀가 누리는 하나님나라의 삶을 진솔히 담은 책이 출간될 수 있기를 진심으로 소망해왔습니다. 이제 충분히 그때가 되었음을 알기에 기쁨으로 많은 분들에게 이 책을 소개하고 싶습니다.

　효진 자매의 삶을 곁에서 봐온 사람으로서, 독자들이 이 책을 어릴 때 화상을 입은 한 여인이 어려움을 어떻게 극복했는가에 대한 것으로 보지 않기를 소망합니다. 오히려 이 책은 하나님나라로 들어간 한 여인이 하나님나라 백성의 풍성한 삶을 어떻게 누리는가에 대한 것입니다.

　비록 그녀가 그리스도의 영에 인도함을 받는 삶을 산 지는 얼마 되지 않지만 드린 만큼 받는 '인과(因果)의 법칙'을 벗어나 '믿음의 법칙'과 '은혜의 법칙'을 적용하며 누리는 삶이 이 책의 행간에 잔잔히 녹아 있습니다. 나는 독자들이 저자가 겪은 어려움 때문에 눈물 흘리기보다는 저자가 경험한 하나님나라를 아직 알지 못하기 때문에 눈물 흘리기를 소망합니다. 그녀는 이제 이 세상을 다스리는 권세를 가진 당당한 '킹덤빌더(kingdom-builder)'입니다.

　나는 HTM의 사역 때문에 아프고, 고통받고, 절망 가운데 있는 사람들을 많이 만납니다. 대부분이 하나님을 원망하거나, 자신 또는 부모를 정죄하거나, 현실과 환경을 탓합니다. 이제 나는 그분들에게 백 마디의 말보다는 이 책 한 권을 기꺼이 권합니다. 그리고 이렇게 말하고 싶습니다.

　"그녀에게 찾아온 그 하나님이 크신 사랑으로 당신을 찾아가십니다."

한없는 사랑으로 함께하신 하나님

원망과 고통의 나날

어린 시절 저는 좀처럼 울지 않았습니다. 울더라도 혼자 울었고 남들 앞에서는 눈물 한 방울도 보이지 않으려고 노력했습니다. 약해 보이고 싶지 않았습니다. 동정받고 싶지도 않았습니다. 스스로를 보호하기 위해 늘 강해져야 한다고 생각했습니다. 아무도 저를 보호할 수 없다고 믿었기에, 살기 위해 혼자서 몸부림쳤습니다.

저는 초등학교 시절 목사님으로부터 예수님이 우리의 죄와 질병을 위해 돌아가셨고, 그분이 고치시지 못하는 병이 없다는 말씀을 듣고 밤마다 화상(火傷)의 상처를 낫게 해달라고 기도했습니다. 그런데 아침에 일어나면 얼굴과 팔의 흉한 상처가 마술처럼 깨끗해져 있을 거라는 기대와는 달리 아무런 변화가 없음을 알고는 하나님을 원망하기 시작했습니다.

습관적으로 엄마를 따라서 교회에 다니긴 했지만 인격적으로 하나님을 만나지 못했기에 현대 의술에 기대를 걸고 여러 차례 수술도 했습니다. 그러나 수술 결과는 좋지 않았고 그때마다 제 마음에는 하나님에 대한 원망과 불평만 쌓여 갔습니다.

'만약 하나님이 살아 계시다면 어떻게 나에게 이런 끔찍한 사고가 일어날 수 있었을까? 수술을 하는데 왜 더 상태가 나빠질까?'

저는 하나님이 살아 계심을 도저히 믿을 수 없는 지경에 이르렀습니다. 결국 서울에 있는 대학에 진학하면서 교회를 떠났고, 점점 더 허무함과 공허함 속으로 빠져들었습니다. 급기야 죽고 싶다는 생각을 실천에 옮기기도 했습니다. 자살 시도는 실패로 끝났고, 하루하루 어둠과 고통 가운데 살아야만 했습니다.

사람들은 흔히 여자의 이십 대를 꽃처럼 피어나는 때라 하지만 저에게는 피하고만 싶은 때였습니다. 직면한 현실을 받아들일 수 없었습니다. 생명이 붙어 있기 때문에 살 수밖에 없었습니다. 만약 누군가 지나온 길을 다시 걸으라고 하면 저는 그냥 주저앉아 버릴 것입니다. 알고는 도저히 갈 수 없는 길이기 때문입니다.

세상 가운데로 인도하신 성령님

이 책은 암흑 같은 고통 중에 있던 저와 동행하신 성령님, 한없이 부족한 저를 끝까지 사랑하신 그분의 사랑을 기록한 것입니다. 흔히들 "하나님은 사랑이시다"라고 말하지만, 그것은 정말 놀라운 진리이고, 제 온몸으로 체험한 사실입니다.

저는 2008년 초, 친구의 권유로 매주 월요일 저녁 7시에 성남 선한목자교회에서 열리는 헤븐리터치 미니스트리(HTM) 손기철 장로님의 월요말씀치유집회에 처음 참석하게 되었고, 이후 성령님을 제 안에 모시게 되었습니다. 그러면서 제가 이 땅에 우연히 태어난 것이 아니라 하나님의 계획 아래 태어났고, 하나님의 눈에 넣어도 아프지 않은 존귀한 자녀임을 알게 되었습니다.

어쩌면 집 밖으로 나오지도 못하고 어둠 속에 갇혀서 삶을 마칠 수도 있는 비참한 상황이었지만, 하나님께서는 저를 홀로 두지 않으셨습니다. 계속 저를 밖으로 나오게 하셨고, 세상 가운데로 인도하셨습니다. 사람들 앞에 나서기 싫은 순간에도 저를 달래시고, 용기와 희망을 주시며 지금까지 인도하셨습니다.

내가 사망의 음침한 골짜기로 다닐지라도

해를 두려워하지 않을 것은 주께서 나와 함께하심이라
주의 지팡이와 막대기가 나를 안위하시나이다

시편 23:4

이제는 다윗의 이 고백이 저의 고백이 되었습니다. 저는 어둠
속을 헤매다가 예수님의 빛 가운데로 나왔습니다. 그러나 내가 사
망의 골짜기, 눈물의 골짜기를 지나는 순간에도 하나님은 눈동자
처럼 저를 지키시고 보호하셨고, 그분의 의로운 오른손으로 붙잡
고 계셨습니다.

저는 아름다운 얼굴을 잃었지만 대신 하나님의 크신 사랑과
은혜를 입었습니다. 이 얼굴을 통해 사마리아와 땅끝까지 이르러
주님의 증인이 될 수 있다면 저에게 임한 고난은 결국 하나님께
쓰임받는 축복의 통로가 되는 것입니다.

하나님은 제 안에 하나님의 아름다움을 주셨고, 그것은 외모
의 아름다움과는 비교할 수 없는 보석이 되었습니다. 화상 입은
얼굴이 내게 어떤 슬픔과 고통도 주지 않습니다. 이미 예수님께서
채찍에 맞음으로 내가 나음을 입었다고 말씀하셨기 때문입니다.
그래서 비록 눈에 보이는 것은 변함없을지라도 저는 이미 나았다

고 생각하기에 더 이상 슬프지 않습니다.

　그러던 어느 날 기도 중에 성령님께서 '네 약함을 자랑하라'는 감동을 주셨습니다. 저는 아무것도 자랑할 것이 없습니다. 그런데 하나님은 제 얼굴을 자랑하라고 하셨습니다.

내가 부득불 자랑할진대 나의 약한 것을 자랑하리라

고린도후서 11:30

이는 내가 약할 그때에 곧 강함이니라

고린도후서 12:10

　이 세상에서의 삶은 영원하지 않습니다. 인간은 나그네와 같은 인생길을 가고 있는 것입니다. 영원한 시간 속에 아주 짧은 시간 나의 화상 입은 얼굴이 하나님의 뜻을 이루는 일에 작게나마 쓰임받을 수 있다면 저는 이 모습으로도 감사합니다.

　은혜를 누리고 나누는 삶

　성령님의 크신 사랑으로 30여 년 동안 제 마음속에 뿌리내린 깊은 상처가 치유되었습니다. 불평과 원망 대신 기쁨과 감사가 넘쳤고, 그 사랑에 보답할 길이 없을까 늘 생각하게 되었습니다. 그러던 중 지난 5월 규장의 여진구 대표님이 《갓피플 매거진》의 '세상 속의 크리스천' 코너에 인터뷰를 요청해오셨습니다. 여 대표님은 제가 출연한 방송(CBS 〈새롭게 하소서〉, 2009년 2월 6일 방영)을 보시고 책을 내자는 제안도 하셨습니다.

그 제안을 받았을 때 저는 순종하는 마음으로 바로 출간 결정을 했습니다. 하나님께서 기획하신 일이라고 생각했기 때문입니다. 무엇보다 "이제는 내가 산 것이 아니요 오직 내 안에 그리스도께서 사신 것"(갈 2:20)이기 때문에 '나의 일이 아니고 하나님의 일'이라고 생각했습니다.

이 책은 결코 제가 썼다고 생각하지 않습니다. 저는 예수님의 것이고, 주와 합하는 자는 하나이기에(고전 6:17) 성령님께서 저를 통해 글을 써주신 것이라고 믿습니다.

저는 이 책을 통하여 희망을 잃은 사람들에게 꿈을 전하고 싶습니다. 절망과 죽음의 터널을 지나는 분들과 낭떠러지 끝에 서 있는 분들에게 하나님이 당신을 얼마나 사랑하고 계시며, 하나님은 우리가 아파하는 것보다 훨씬 더 아파하고 계시다는 사실을 전하고 싶습니다. 그분은 독생자 예수님을 버리셨습니다. 아들을 버리기까지 저를 사랑하신 하나님께서 이 글을 읽는 당신도 동일하게 사랑하십니다.

돌아보니 제게 가장 고통스러웠던 시간이 하나님께서 가장 저를 사랑하신 시간이었습니다. 이 사실을 깨닫기까지 오랜 시간이 걸렸지만, 제가 온전히 하나님께 순복(順服)할 때까지 인내하시고 기다리신 하나님께 온 마음을 다해 감사와 찬양을 드립니다.

제 아픔을 저보다 더 아파하시며 평생 마음으로 눈물 흘리신 사랑하는 아빠와 오빠와 새언니, 언니와 형부, 남동생과 사랑스런 조카들에게 이 책을 통해 감사의 마음을 전합니다. 함께 일하는 예인건축연구소의 동료들과 HTM의 가족들에게도 진심으로 감사드립니다.

성령님을 만나게 해주신 손기철 장로님의 사랑과 격려에 감사드립니다. 처음에 책을 낸다고 했을 때 아버지의 마음으로 걱정해주시고 염려해주신 사랑에 정말 감사드립니다. 장로님은 하나님나라의 삶이 무엇인지, 풍성한 하나님의 은혜를 누리는 삶이 무엇인지 가르쳐주신 저의 영적 멘토이십니다. 더불어 저를 위해 기도해주시고 세심하게 보살펴주시는 윤현숙 전도사님과 글을 쓸 수 있도록 격려해주신 규장 여진구 대표님께도 진심으로 감사드립니다.

　마지막으로 하나님을 경외하는 삶을 몸소 보여주셨던 엄마, 하나님의 사랑을 끊임없이 흘려보내주신 엄마의 사랑과 희생에 감사와 사랑을 전합니다. 엄마는 2002년 10월 12일, 52세의 짧은 생을 마치셨습니다. 이 책이 탄생하는 2009년 10월 12일은 엄마의 7번째 기일(忌日)입니다. 이 책을 하늘나라에 계신 사랑하는 엄마에게 바칩니다.

이효진

차례

__1
끝없는 고통의
시간을 견디다

뜻밖의 사고와 고통의 시작

저는 강원도 삼척시 도계(道溪)라는 작은 마을에서 태어났습니다. 아기였을 때 인형처럼 예뻐서 보는 사람마다 저를 안아보고 싶어 했다고 합니다. 그런데 세 살이던 어느 날, 엄마가 잠시 외출하신 사이에 제가 연탄아궁이에서 끓고 있던 물을 손으로 엎으면서 수증기로 인해 얼굴과 왼손에 3도 화상(火傷)을 입었습니다.

부모님은 곧장 저를 서울의 큰 병원으로 데려가려고 했으나 동네 아주머니의 강력한 추천으로 동네 작은 병원으로 옮겼다고 합니다. 의사는 화상이 너무 심해 살 가망이 없으니 마음의 준비를 하라면서 치료도 하지 않은 채 저를 방치해두었습니다. 그렇게 일주일이 흘렀지만 저는 살아남았고, 결국 결정적인 치료 시기를 놓치면서 얼굴 전체에 심한 화상의 흔적을 가진 채 살게 되었습니다.

이 사고가 나기 일주일 전 우상을 숭배하던 할머니가 굿을 하는데 무당이 "이 집 딸을 내가 불에 집어넣을 거다"라는 말을 했고, 그 저주가 그대로 저에게 일어난 것입니다.

저는 어릴 때부터 사람들 눈에 띄지 않으려고 언제나 고개를 푹 숙이고, 머리카락이나 손으로 최대한 얼굴을 가리고 다녔습니다. 부모님은 이런 저의 모습에 마음이 많이 아프셨을 텐데도 제 앞에서는 잘 표현하지 않으셨습니다.

제가 초등학교 3학년이던 어느 날이었습니다. 방과 후 집에 가는데 우리 반 남학생 두 명이 제 앞을 가로막고 섰습니다. 그리고는 당시 TV에서 인기리에 방영 중이던 외화(外畫) 〈브이(V)〉에 나오는 파충류 괴물 같다며 저를 놀렸습니다. 이 아이들은 중학교에 입학해서까지 저를 따라다니며 5년 동안이나 집요하게 놀렸습니다. 어른이 되어서도 그 아이들의 이름과 얼굴을 또렷이 기억할 정도로 제게는 깊은 상처를 준 사건이었습니다.

또 한 번의 큰 충격은 초등학교 5학년 때 일어났습니다. 저는 주산(珠算)과 암산(暗算)을 유난히 좋아해서 대회까지 나가게 되었습니다. 대회 당일 저는 기쁘고 떨리는 마음으로 대회장에 가 자리에 앉아 기다리고 있었습니다. 그런데 제 옆자리에 앉아야 할 여학생이 앉지 못하고 저를 보더니 큰 소리로 울기 시작했습니다.

갑자기 조용한 대회장의 모든 학생들과 선생님들의 시선이 제게로 집중되었습니다. 저는 너무나 당황스러웠습니다. 한 선생님이 그 아이에게 와서 "왜 우니?"라고 물으니 아이는 "너무 무서워요"라고 말하면서 더 크게 우는 것이었습니다.

그 말을 듣고 저는 큰 충격을 받았습니다. 남자 아이들이 놀릴 때는 그냥 '그 아이들이 못돼서'라고 생각했는데 이 사건은 차원이 달랐습니다. '내가 정말 심각한 상태구나' 하는 생각이 들자 어린 나이에도 불구하고 더 이상 살고 싶지가 않았습니다.

'왜 나는 남들과 다를까?'

고개를 들 수가 없었습니다.

'세상에 태어나지 말았어야 하는데 잘못 태어나서 사람들에게 피해를 주고 불쾌감을 주는구나.'

저는 침통한 마음으로 다른 아이들보다 먼저 대회장 앞에 대기하고 있던 버스에 올랐습니다. 그런데 제가 차 안에 있는 걸 몰랐던 한 여자 선생님이 조금 전 대회장에서 있었던 사건을 재미있었다는 듯 웃으면서 다른 선생님에게 말하는 걸 듣게 되었습니다. 저는 더 큰 절망감에 휩싸였고, 그 일을 계기로 사람과 세상에 대해 마음의 문을 닫아버렸습니다.

당시 제가 살 수 있는 길은 하루하루 있었던 일들을 모두 잊어버리는 것뿐이었습니다. 일부러 생각하지 않으려고 애썼습니다. 저는 지금도 성격이 단순한 편이고, 깊이 생각하는 걸 별로 좋아하지 않습니다. 일단 목표를 정하면 앞뒤 좌우 가리지 않고 무섭게 전진할 뿐입니다. 그것이 어린 시절부터 제가 살 수 있는 유일한 길이었습니다.

누구에게나 인생은 쉽지 않지만, 저도 특이한 얼굴로 인해 쉽지 않은 삶을 살아왔습니다. 다른 사람들에게는 지극히 평범한 일상이 저에게는 꿈에 불과했습니다. 학교에 가면 친구들의 놀림과 따가운 시선 때문에 빨리 집에 가고 싶다는 생각뿐이었습니다. 그래서 수업이 끝나고 집에 갈 때는 언제나 뛰어갔습니다.

그렇게 세상으로부터 받은 상처들을 안고 집에 오면 엄마가 저의 아픈 마음을 달래주셨습니다. 엄마는 학교에서 무슨 일이 있었는지, 친구들이 뭐라고 저를 괴롭혔는지 한 번도 묻지 않으셨습니다. 다만 나지막이 이렇게 말씀하실 뿐이었습니다.

"내려다보고 살아라. 너보다 못한 사람도 많단다. 나중에 커서 수술하면 깨끗이 나을 수 있으니 희망을 잃지 마라. 그리고 하나님은 못 고치시는 병이 없단다. 하나님은 아주 좋은 분이시란다. 우리 하나님만 의지하자."

엄마는 저를 즐겁게 만드는 재주가 있으셨습니다. 엄마 품에서 이야기를 듣다보면 어느새 기분이 좋아졌습니다. 그때마다 저는 엄마를 실망시키지 말고 기쁘게 해드리고 싶다는 생각을 했습니다.

우리 집은 참 행복한 가정이었습니다. 저는 태어나서 엄마와 아빠가 싸우는 모습을 한 번도 본 적이 없습니다. 두 분은 서로 아끼고 사랑하셨고, 동네에서 소문난 잉꼬부부셨습니다. 오빠랑 언니 그리고 남동생도 저에게는 든든한 형제자매였습니다. 그런 가족들로부터 저는 살아갈 힘을 얻었습니다. 그러나 세상으로 나가면 또 다시 상처받고 고통스러운 날들이 이어졌습니다.

실패로 끝난 성형수술과 대학 입학

중학교 2학년 어느 날이었습니다. 담임선생님이 "화상 무료 수술"이라는 신문광고를 보시고 저에게 추천해주셨습니다. 저는 깨끗이 나을 거라는 희망을 안고 광고를 낸 그 병원에 갔습니다.

당시 의사들은 수술에 대해 자세히 설명해주지도 않았고 부작용이 있을 거라는 말도 하지 않았습니다. 그냥 더 좋아질 거라는 막연한 말만 했습니다. 그러나 저는 수술이 끝나고 엄청난 부작용과 후유증에 시달려야 했습니다. 나중에서야, 신문광고를 보고 온 환자와 일반 환자의 수술 방법이 달랐다는 것을 알게 되었습니다. 저소득층을 위한다는 미명(美名) 아래 화상 치료를 위한 실험 대상이 되었다는 느낌을 지울 수가 없었습니다.

저는 수술 후 더 일그러진 얼굴로 인해 큰 상처를 받았고, 의사들을 향한 복수심과 원망이 마음에 가득하게 되었습니다. 수술 후유증으로 1년 동안 학교에도 다니지 못했습니다. 저는 복학하면서 마음속으로 다짐했습니다.

'의사가 되어야겠다. 그래서 치료할 수 있는 방법을 내가 스스로 찾아야겠다.'

의사가 되기 위해 저는 태어나서 처음으로 공부라는 것을 하게 되었습니다. 당시 제 성적은 밑바닥이었습니다. 선생님 말씀이 귀에 들어오지도 않았고, 땅만 보면서 학교에 왔다 갔다만 해서 반에서 거의 꼴등이었습니다.

그런 상태에서 공부를 하려니 처음에는 너무 막막했습니다. 결국 제가 할 수 있는 공부법은 무조건 달달 외우는 것이었습니다. 엄마가 건강을 해친다고 말렸지만 저는 아랑곳하지 않고 밤을 새우다시피 하며 공부에 매달렸습니다.

밤잠을 설쳐가며 열심히 공부한 결과 놀랍게도 반에서 1등을 하게 되었고, 이후 전교에서 1,2등을 다투기도 했습니다. 그러자 선생님들과 아이들이 저를 보는 시선이 달라지기 시작했습니다. 공부가 저를 보호하고 방어하는 최선의 방법이 되었고, 저의 아픔을 잊을 수 있는 도피처가 되어주었습니다. 하지만 공부를 잘하는

눈에 보이는 예쁜 여대생들이 모두 **나를 조롱하는 것 같았던 대학 시절,**
나는 더욱 **외롭고 절망**스러웠습니다.

_ 숙명여대 졸업식에서(1999년)

것만으로는 사춘기 소녀의 외모에 대한 열등감이 사라지지는 않았습니다. 그런 저를 보시고 엄마가 말씀하셨습니다.

"효진아, 지금은 성장기라 수술이 어렵지만 나중에 스무 살이 되면 엄마가 수술시켜줄 테니 희망을 가져라."

저는 스무 살의 예뻐진 나를 만나기 위해 열심히 공부했고, 이대로 주저앉아서는 안 된다고 결심했습니다. 비록 입시제도가 수능으로 바뀌면서 원하던 의대에는 들어가지 못했지만 숙명여자대학교에 합격했습니다.

합격 통지서를 받고 기쁘기도 했지만 한편으로는 넓은 세상으로 나가는 것에 대한 두려움이 있었습니다. 작은 시골 마을에서 지내는 것도 무척 힘들었는데 과연 서울에서 적응할 수 있을지 자신이 없었습니다. 게다가 화상 입은 얼굴로 여대(女大)에 다닐 생각을 하니 기쁨보다는 걱정이 앞섰습니다.

'이대로 서울에 갈 수는 없다. 하나님을 만나서 화상을 치유받고 대학에 가야겠다.'

이런 생각에 무작정 혼자 포천에 있는 한 기도원을 찾아갔습니다. 그리고 하나님께 기도했습니다.

'하나님, 저는 이 모습으로 대학에 가고 싶지 않아요. 제발 저를 고쳐주세요. 하나님은 하실 수 있잖아요?'

저는 애원하다시피 매달렸습니다. 이렇게 부르짖으며 기도하는데 입에서 방언이 터졌습니다. 평소에 오빠와 남동생이 방언으로 기도하는 것을 많이 들어서 방언이라는 건 알았지만, 방언을 사모한 것이 아니어서 그때는 그다지 기쁘지 않았습니다. 그렇게 3일이 지났는데도 제 얼굴에는 아무 일도 일어나지 않았습니다. 그렇게 절망 가운데 있는데, 한 남자가 다가와 자신은 사단이며 제 화상은 자기가 그렇게 만든 것이라는 둥 이상한 말을 하는 것이었습니다. 저는 얼굴은 고쳐주지 않고 이상한 사람만 만나게 하는 하나님에 대한 원망을 품고 서둘러 기도원에서 내려왔습니다.

그 일을 계기로 서울로 올라와 대학에 다니면서부터 교회와 하나님을 떠났습니다. 심지어는 얼굴을 고칠 수 있다면 영혼이라도 사단에게 팔아버리겠다는 말로 하나님을 향해 원망의 말을 퍼부었습니다. 저는 그렇게 하나님의 가슴에 대못을 박은 죄인이었습니다.

대학에서는 저를 놀리는 친구들은 없었지만, 눈에 보이는 예쁜 여대생들이 마치 저를 조롱하고 비웃는 것만 같았습니다. 친구들이 소개팅이나 미팅 이야기를 즐겁게 할 때면 저는 혼자 생각했습니다.

'나는 앞으로 어떻게 살아야 하나? 나도 남들처럼 연애하고 결혼할 수 있을까? 왜 태어나서 이렇게 힘들게 살아야 할까?'

그렇게 숨 쉬는 것조차 고통스러운 시간을 보냈습니다.

가끔 저를 위로한다며 "그 정도 가지고 뭘 그렇게 힘들어 하니? 너보다 더한 사람도 많잖아. 그건 아무것도 아니지"라고 말하는 사람들을 만나면 저는 더 큰 상처를 입었습니다.

스무 살의 절망과 자살 기도(企圖)

스무 살이 된 저는 수술을 하기 위해 최고의 병원들을 찾아다녔습니다. 그러나 의사들의 말은 동일했습니다. 현대의학으로는 완전 치유가 어렵고, 외국 어디를 가도 마찬가지라는 것입니다. 저는 마지막 판결을 기다리던 죄수가 사형 선고를 받은 것 같은 절망감을 느꼈습니다.

현대의 외모 지상주의 문화 속에서, 그것도 한창 예쁠 나이의 여자들이 모여 있는 여대 안에서 제 안의 소외감과 좌절감은 나날이 커져갔습니다. 그런 상태로 대학교 2학년이 되자 저는 그만 삶을 마감해야겠다는 생각을 하기에 이르렀습니다.

'지구상에 그 많은 사람들 중 왜 하필 나일까?'

저는 항상 이 의문에서 벗어날 수가 없었습니다. 너무 억울했습니다. 무슨 이유로 세 살 아기에게 그런 끔찍한 사건이 일어난 건지 생각할수록 하나님이 원망스러웠습니다.

'하나님, 왜 나를 지으셔서 이토록 고통스럽게 하시는 건가요?'

제 앞에 하나님이 계시다면 이렇게 따지고 싶었습니다. 그래서 마치 하나님께 복수라도 하듯이 제 생(生)을 제 손으로 끝내고 싶었습니다.

'이렇게 사느니 차라리 죽자. 지옥이라도 좋으니 이 세상과 이별하자.'

저는 시내의 약국을 돌아다니면서 약을 사서 모았습니다. 막상 죽으려고 마음은 먹었지만, 열 곳이 넘는 약국을 다니면서 내심 누군가 나를 좀 말려줬으면 좋겠다고 생각했습니다. 그러나 아무도 제가 왜 수면제를 사는지, 무슨 일이 있는지 관심이 없었습니다. 그냥 약만 팔면 그만인 사람들로 보였습니다.

'의사나 약사나 다 똑같아. 저런 사람들 때문에 내가 더 비참해졌어.'

약을 사서 집으로 오며 저는 하염없이 울었습니다.

'왜 태어나서 여태껏 고생하고 이렇게 죽어야 하나. 제대로 피지도 못하고 죽을 거라면 차라리 태어나지나 말지. 하나님은 왜 나를 세상에 보내서 이렇게 힘들게 하시는지….'

제 마음에 그런 원망의 소리만 가득했습니다. 그리고 집에 돌아와 구입한 수면제를 한꺼번에 먹고 자리에 누웠습니다.

'제발 아침이 오지 않으면 좋겠다. 이제 이 세상과는 정말 안녕이구나.'

그 순간 저를 가장 고통스럽게 했던 것은 부모님에 대한 죄송함이었습니다. 나로 인해 얼마나 슬퍼하시고 고통스러워하실지 잘 알고 있었기에 부모님께 죄송하다는 내용의 유서(遺書)를 남기고 잠들었습니다.

그러나 하나님은 제 손을 놓지 않으셨습니다. 다음 날 아침, 저는 눈을 떴습니다. 옆방에서 자던 남동생이 제 방에서 울리는 전화벨 소리를 듣고 왔다가 저를 발견하고는, 병원으로 옮긴 것입니다. 병원에서 눈을 뜨면서 저는 하나님께 따지듯이 물었습니다.

'하나님, 너무 잔인하세요. 왜 저를 살리셨어요. 어떻게 살라고요? 너무 힘들단 말이에요!'

하나님이 전보다 더 원망스러웠습니다.

병원에서 저를 대하는 의사들의 태도는 냉랭하기만 했습니다. 살고 싶어도 살지 못하는 사람도 많은데 스스로 목숨을 끊으려 했으니 예쁘게 보일 리가 없었을 것입니다.

시골에서 제 소식을 듣고 급히 올라오신 부모님의 모습을 지금도 잊을 수가 없습니다. 마음속은 슬픔과 눈물이 가득한데 애처롭게 저를 바라보는 부모님 앞에서 저는 차마 울 수도 없었습니다. 엄마가 눈물을 흘리시며 말씀하셨습니다.

"여태까지 잘 견뎠는데 이제 와서 왜 그러니… 네가 죽으면 엄마도 죽는다."

평생 나 때문에 마음 고생하신 엄마 때문에라도 다시 살아야겠다고 마음을 고쳐먹었습니다. 그러나 내 힘과 의지로만 버티는 삶은 말할 수 없이 고통스럽고 힘겨웠습니다.

저는 대학에서 가정관리학을 전공했지만 전부터 인테리어디자이너가 되고 싶었습니다. 그래서 실내건축기사 자격증도 따고, 1년 과정의 전문 인테리어디자인 과정을 별도로 공부했습니다. 졸업 후 취업을 위해 남들보다 더 열심히 준비했지만 30번이 넘는 면접에도 불구하고 취업이 되지 않았습니다.

제 얼굴 때문에 취업이 되지 않는다는 생각에 무척 절망스러웠지만 더 실력을 갖추어야겠다고 결심하고 대학원에 진학했습니다. 대학원 시절, 저는 밤낮 없이 공부해서 대학원 전체 수석과 '2000년 한국인테리어디자인대전'에서 대상(大賞)을 받는 등, 좋은 결과를 얻었습니다.

대학원에 다니면서 만난 신앙이 좋은 선배 언니는 제게 자주 이렇게 말하곤 했습니다.

"하나님은 효진이를 많이 사랑하시는 것 같아."

하지만 당시 저는 속으로 '하나님은 나를 버리셨고 나를 사랑하지도 않는데 왜 나만 보면 저런 말을 할까?'라고 생각했습니다. 그때는 하나님을 떠나 있었기 때문에 모든 것이 제 힘과 노력의 결과라고만 생각했습니다.

어두운 현실로부터의 도피

저는 여섯 살쯤부터 엄마와 함께 교회에 다녔지만 예수님의 십자가 사랑을 통해 하나님을 만나지는 못했습니다. 예수님의 십자가보다 제 고통이 더 크게 느껴졌습니다.

'예수님은 하루에 모든 고통을 당하셨지만 나는 평생 고통을 당하며 살아야 해. 예수님보다 내가 더 힘들어.'

그렇게 스무 살까지 교회를 다녔지만 목사님의 설교는 그냥 좋은 말씀에 지나지 않았습니다. 그러나 감사한 것은 그런 말씀들도 제 안 어딘가에 심겨져 삶에 영향을 미쳤다는 사실입니다.

중고등학교 시절 술과 담배를 아무 거리낌없이 하는 친구들, 나쁜 길로 빠져드는 친구들을 보며 한때 저도 그들처럼 모든 것을 포기하고 싶다는 생각을 한 적도 있습니다. 하지만 제 마음에 심겨진 하나님의 말씀들이 저를 제어하게 했습니다.

술 취하지 말라 이는 방탕한 것이니
오직 성령의 충만을 받으라
에베소서 5:18

네 부모를 즐겁게 하며 너 낳은 어미를 기쁘게 하라
잠언 23:25

다시 살기 위해 공부에 몰입했고 큰 상도 탔지만
그건 비참한 나의 존재를 증명하고픈 몸부림에 지나지 않았습니다.

_ 한국인테리어디자인대전 대상 수상 기념(2000년)

또한 제가 타락의 길로 들어서면 마음 아파하실 부모님 때문에도 그럴 수가 없었습니다. 만약 제 상황에서 가정마저 문제가 있었다면 지금의 저는 없었을지도 모릅니다.

그럼에도 제 안의 고통과 상처의 뿌리가 깊어 무언가에 몰입하지 않으면 견디기 힘들었습니다. 그것들이 어느새 중독이 되어 저의 영(靈)과 육(肉)을 피폐하게 하는지도 모른 채 말입니다.

저는 중학교 2학년 때부터 의대에 가기 위해 공부를 하기 시작하면서 중독 수준으로 공부에 몰입하고 빠져들었습니다. 쉬는 시간에도 책을 들여다보고, 걸어가면서도 영어 단어를 외웠습니다. 화장실에 갈 때도 책을 들고 가서 공부할 정도였습니다. 밤에도 잠을 자고 싶지 않았고 계속 공부만 하고 싶었습니다.

아침잠이 많은 저는 엄마에게 늘 일찍 깨워달라고 말하고 잠들곤 했습니다. 그러나 엄마는 늦게까지 공부하고 잠든 제가 애처로웠는지 잘 깨워주지 않으셨습니다. 저는 아침에 늦게 일어나면 "엄마가 깨워주지 않아서 아침에 공부 못했잖아" 하면서 속상한 나머지 울기까지 했습니다. 생각해보면 공부가 좋아서가 아니라 그냥 저 자신을 잊고 싶었던 것 같습니다. 저에게 공부는 저 자신의 존재를 증명해주는 도구였습니다.

대학 2학년 때 자살 소동 이후에는 다시 살기 위해 더 열심히 공부하기 시작했습니다. 앞서 말씀드렸듯이 실내건축기사 자격

중도 따고, 전문 디자인학교 과정도 수료했습니다. 취업 실패 이후 대학원을 다니면서도 치열하게 공부했습니다. 밤을 새서 책을 읽고 리포트를 썼습니다. 저에게는 한가한 것이 오히려 고통이었습니다. 바쁘게 공부하면 괜찮은데 시간적인 여유가 생기면 우울해지고 슬펐습니다. 항상 저는 스스로에게 이렇게 말했습니다.

'인내는 쓰나 그 열매는 달다고 했어. 인생사 고진감래(苦盡甘來)야. 지금은 힘들지만 반드시 좋은 날이 올 거야. 미래의 예뻐진 나를 만나기 위해서라도 이대로 주저앉을 수 없어!'

하지만 내 힘으로 무언가를 하려고 하면 할수록 고통스러웠고, 스트레스만 쌓일 뿐이었습니다.

부모님 곁을 떠나 서울에서 살면서 그나마 주일에만 간신히 다니던 교회를 아주 떠나게 되었습니다. 그러면서 제 마음은 더욱 공허해졌습니다. 공부에 몰입하고 목표를 향해 전진할 때는 그런 걸 느낄 여유가 없었다가, 막상 목표를 이루고 나면 기쁨은 잠시뿐이었고 채워지지 않는 허무함은 여전했습니다.

너희가 일찌기 일어나고 늦게 누우며
수고의 떡을 먹음이 헛되도다

시편 127:2

저는 영혼의 공허함을 먹는 걸로 채우기 시작했습니다. 밥을 먹고 배가 불러도 허기(虛飢)로 견딜 수가 없었습니다. 계속해서 먹고 싶은 마음을 절제할 수가 없었습니다. 50킬로그램이었던 몸무게는 순식간에 63킬로그램까지 불었고, 아침이면 퉁퉁 부은 얼굴을 보면서 절망감은 커져만 갔습니다.

음식이 목구멍까지 차오르는 느낌이 들 때면 제 상황이 비참해서 울면서도 먹는 걸 멈출 수가 없었습니다. 그리고 시간만 나면 잠을 잤습니다. 잠을 자면 현실을 잊을 수 있었기 때문입니다. 아침에 눈 뜨는 것이 가장 고통스러웠고, 이대로 계속 잠들고 싶다는 생각을 수없이 했습니다.

예수께서 이르시되
내가 진실로 진실로 너희에게 이르노니
인자의 살을 먹지 아니하고 인자의 피를 마시지 아니하면
너희 속에 생명이 없느니라
요한복음 6:53

저는 일을 하면서도 완벽주의 성향이 있었고, 승부욕이 유난히 강했습니다. 지는 걸 싫어하고 뒤처지는 것 자체를 참지 못했습니다.

대학원을 졸업한 후 스물여섯 살에 첫 직장을 갖게 되었습니다. 신입사원에게는 보통 단순 작업을 많이 시키는데 저는 욕심이 있어서 집에서 따로 스케치를 하고 공부를 하기도 했습니다. 유명한 인테리어디자이너 밑에서 일하면서 늘 선생님을 이겨야겠다는 마음가짐으로 일했습니다.

선생님은 저에게 기회를 많이 주셨고, 제가 디자인한 것이 마음에 들지 않으면 호되게 야단을 치셨습니다. 1년이 지날 즈음 저는 꾸준히 연습하고 공부해서 떨리는 마음으로 제 디자인을 보여드렸습니다. 그러자 선생님은 무척 놀라시면서 제가 디자인한 걸로 진행하라고 승낙해주셨습니다.

이후 업계에서 알아주는 큰 인테리어 회사에 다닐 때도 마찬가지였습니다. 저는 실력 있는 상사(上司)를 이기기 위해 더 노력했습니다. 혼나는 것 자체가 자존심이 상했고, 빨리 배워서 그를 뛰어넘어야겠다는 생각뿐이었습니다. 목표를 향해 전속력으로 달려가는 기질과 무서운 상사의 영향으로 저는 3년 만에 정말 많은 걸 배울 수 있었습니다.

너희가 어찌하여 양식 아닌 것을 위하여 은을 달아주며
배부르게 못할 것을 위하여 수고하느냐

이사야서 55:2

두 번째 직장에서의 고통스러웠던 3년이 지나고, 2007년 드디어 제 사업체를 운영하게 되면서 저는 또 다시 꿈과 목표를 잃어버렸습니다. 꿈을 다 이루었기 때문에 더 이상 몰입할 곳이 없었습니다.

그때까지도 자아(自我)가 십자가에 죽는 체험을 하지 못했기에 옛 자아, 옛 습성들이 저를 괴롭히고 아픈 과거가 떠오르면 슬픔을 묵상하며 빨리 이 세상을 떠나 천국에 가기를 소망하는 기도를 드릴 수밖에 없었습니다. 그때는 자아를 온전히 드리는 것이 무엇인지도 몰랐습니다. 어떻게 십자가에서 예수님과 함께 죽는지, 내 안에서 그리스도가 사는 것이 무엇인지 알 길이 없었습니다.

8년 동안이나 교회에 다니지 않다가 다시 돌아오긴 했지만 성령님과 날마다 교제하는 삶을 살진 못했기에 하나님은 주일에 예배드릴 때, 성경공부할 때, 기도할 때만 만나는 분으로 착각하고 신앙생활을 했습니다.

내가 네 행위를 아노니
네가 차지도 아니하고
더웁지도 아니하도다
네가 차든지 더웁든지 하기를 원하노라

요한계시록 3:15

교회에서는 목사님이 "항상 성령님을 인정하고 모셔들이세요"라고 말씀하셨지만 어떻게 성령님을 모시고 사는지 알 수가 없었습니다. 출근할 때 '성령님, 저 다녀올게요. 안녕히 계세요'라고 인사하고 회사에서는 남들과 별로 다르지 않은 생활을 했습니다. 성령의 열매도 없고, 경건의 모양은 있으나 경건의 능력은 없는 한낱 종교인일 뿐이었습니다.

그런 상태에서 목표를 이루고 한가해지자 저는 드라마 중독에 빠졌습니다. 바쁘게 살아오면서 TV를 거의 본 적이 없던 저는 이전에 못 봤던 드라마를 인터넷에서 다운받아 주말이면 드라마 20편을 한꺼번에 보기도 했습니다.

드라마를 보면서 내가 마치 드라마의 주인공이 된 것처럼 울고 웃는 그 시간만큼은 자신을 잊을 수 있었습니다. 드라마가 모두 끝나고 난 후의 허무함과 공허함은 말할 수 없이 컸지만, 또 다시 시간만 나면 드라마를 보았습니다. 2008년 1월, 40일 새벽기도를 드리면서도 일찍 자고 일찍 일어나느라 못 본 드라마를 다시보기를 통해 볼 정도였습니다.

이 모든 중독의 증상들은 하나님을 알되 그분을 영화롭게도 하지 않고 감사하지도 않은 채, 어둠 가운데 있었던 저의 모습이었습니다.

하나님을 알되 하나님으로 영화롭게도 아니하며

감사치도 아니하고 오히려 그 생각이 허망하여지며

미련한 마음이 어두워졌나니

로마서 1:21

그래서 제 의지로는 도저히 빠져나올 수가 없었고, 이후 성령님을 만나고 깊은 회개와 결단과 함께 빛 가운데로 나아오면서 변화될 수 있었습니다.

나는 사마리아 여인이었습니다

나는 사마리아 여인이었습니다.
생수의 근원이신 예수님을 버리고
다른 우물을 찾아다녔습니다.

학창 시절에는 주일예배보다
공부가 더 중요하다고 생각하여
예수님보다 공부를 더 사랑하였습니다.

대학 시절에는 꿈을 이루기 위해
세상 지식과 재능을 키우려고
예수님을 버리고 나의 꿈을 사랑하였습니다.

직장생활을 하면서는 세상의 명예와 성공을 위해
건강을 해치면서까지
예수님을 버리고 성공을 위해 달렸습니다.

모든 꿈을 이루고 원하는 대로 되었어도
나는 허무하고 또 허무하고
모든 것이 헛되고 헛되게 느껴졌습니다.

세상의 지식도 재능도 명예도
나를 만족시키지 못했고
메마른 나의 영혼은 날마다 목말랐습니다.

예수님께서 우물가에서 제게 말씀하셨습니다.
"내가 주는 물을 마시는 자는
영원히 목마르지 아니하리라."

나는 이제 날마다 솟아나는 샘물이자
나의 생수의 근원이신 그리스도로 인하여
기쁘고 즐겁습니다.

2
절망의 끝에서
기다리신 하나님

하나님의 사랑을 닮은 엄마의 사랑

엄마는 제가 다치면서부터 이웃 집사님의 권유로 교회에 다니게 되셨습니다. 당시 엄마는 교회에 다니면 하나님께서 병을 고쳐주신다는 말을 듣고 제 화상 치유를 위해 다니셨다고 합니다. 그런데 기도하는 중에 엄마를 괴롭히던 고질병이 치유되는 체험을 하셨고, 엄마는 늘 간증처럼 저에게 말씀하시곤 했습니다.

"효진아, 하나님은 참 좋으신 분이란다. 우리 함께 하나님을 믿고 열심히 살아보자."

엄마는 하나님을 만나서 평생 하나님을 경외하고 사랑하는 삶을 사셨습니다. 그리고 이웃 사랑을 몸소 실천하셨습니다. 바쁘신 중에도 명절 때나 추도예배를 드린 후에 동네 사람들을 불러서 맛있는 음식을 대접하곤 했습니다. 섬기시던 교회 목사님께도 김치를 갖다드리거나 자주 식사 대접을 하셨습니다. 저는 엄마가 정(情)이 많으시고 사랑이 많아서 베풀기를 좋아하시는 줄 알았는데 지금 생각해보면 진심으로 하나님을 사랑하셨기 때문에 그러실 수 있었던 것 같습니다.

엄마는 제가 조금만 잘하는 것이 있으면 칭찬을 아끼지 않으셨습니다. 특히 제가 공부를 하기 시작하면서부터 엄마는 무척 기뻐하셨습니다. 사람들 앞에서 늘 저를 인정해주시고 칭찬을 아끼지 않으셨습니다. 그리고 늘 저의 장점만 말씀하셨습니다. 저는 그리 사교적이지도 못했는데 "우리 효진이는 친구도 잘 사귄다"라고 말씀하시니까 공부를 열심히 하게 되면서부터 정말 친구가 많아졌습니다. "우리 효진이는 부모님 말씀을 참 잘 듣는다"라고 칭찬하시니까 정말로 부모님 말씀을 거역하지 않고 잘 듣게 되고, 부모님이 싫어하시는 것은 쳐다보지도 않게 됐습니다.

아주 사소한 것도 한 번 칭찬하시고 끝나는 것이 아니라 계속 반복하셨습니다. 늘 긍정적으로 말씀하시고 열심히 하면 된다고 격려해준 엄마는 저의 희망이셨고, 세상에서 가장 존경하는 분이셨습니다. 그래서 저는 학교에서 존경하는 인물을 적어내라고 하면 항상 '부모님'이라고 썼습니다. 저는 잠언의 이 말씀을 읽을 때면 항상 엄마가 떠오릅니다.

고운 것도 거짓되고 아름다운 것도 헛되나
오직 여호와를 경외하는 여자는 칭찬을 받을 것이라

잠언 31:30

제 얼굴을 고쳐주기 위해서 돈을 벌어야겠다고 생각하신 엄마는 작은 슈퍼마켓을 운영하셨습니다. 그곳에서 몸을 아끼지 않고 일하시는 엄마의 모습을 보며 저는 늘 마음이 아팠습니다. 저는 엄마가 새벽에 일어나셔서 밤까지 쉬지 않고 일하시는 모습을 보면서 과자 하나도 그냥 먹을 수가 없었습니다. 학교에 갔다 오면 엄마를 도와 과자와 라면, 학용품들을 매일 정리했습니다. 저는 어릴 때부터 유난히 정리하는 걸 좋아했습니다. 가게를 예쁘게 정리하면서 나중에 실내장식가가 되고 싶다는 생각을 막연하게 하곤 했습니다.

그러면서 엄마와 저는 각자 마음속으로 늘 울고 있었습니다. 제 얼굴을 보면 희망이 없었고, 앞으로 어떻게 살아야 할지 너무 막막했기 때문입니다. 특히 엄마와 함께 외출할 때 나를 보고 놀리는 사람들을 만나면 나보다 엄마가 더 마음 아프실 것 같아서 무척 속이 상했습니다.

부모님은 늘 저의 노력하는 모습에 기뻐하시고 칭찬을 아끼지 않으셨지만 그런 제 모습에 한편으로는 마음 아파하셨습니다. 이 사실은 시간이 흐른 후 엄마가 남동생이 군대에 있을 때 보내신 편지를 읽으면서 알게 되었습니다.

효진이 누나가 대학원에서 조교를 해서 받은 65만 원에서 엄마, 아빠 쓰라고 50만 원을 부쳐서 우리는 그 돈을 받고 많이 울었다. 피나는 노력과 눈물로 공부해서 대학원에서 전체 수석을 하고 인테리어디자인대전에서 대상도 받고, 엄마, 아빠한테 이렇게 효도하려고 하는 것이 엄마는 너무도 마음이 아프다. 자기는 과일 하나 아까워서 사 먹지도 않으면서 우리 옷을 사주었단다.

대학 시절, 예절교육 시간에 부모님을 초청하는 순서가 있었는데, 그때 부모님들이 돌아가면서 자기 자녀에 대해 한마디씩 하시는 시간이 있었습니다. 저는 지금도 그때 엄마의 말씀이 잊히지 않습니다.

"효진이가 사고당하면서 '과연 학교는 다닐 수 있을까? 대학은 갈 수 있을까?'라고 생각했는데, 이 대학 정문을 들어서면서 하나님께 참 감사드렸습니다. 잘 견디고 참아준 효진아, 고맙고 사랑한다."

당시 엄마의 말에 모든 사람들이 눈물을 흘렸고, 저도 많이 울었습니다.

어느 날 오빠에게 쓴 편지를 보고 저는 엄마의 마음을 더욱 잘 알 수 있었습니다.

하나님은 정말 좋은 분이란다. 엄마도 하나님을 믿지 않았으면 벌써 이 세상 사람이 아닐 거다. 나는 네 동생 효진이가 다친 이후로 하루도 죽을 결심을 하지 않은 날이 없었단다. 몰래 울기도 많이 울고 아무 사는 낙이 없었단다. 그러던 어느 날 교회에 나가게 되고, 하나님을 알게 되고부터 하나님이 주신 목숨을 내 마음대로 끊을 수 없다는 걸 알았단다.

비록 엄마의 마음속에는 이런 절망과 슬픔과 고통이 있었을지라도 엄마는 항상 희망과 하나님의 사랑 그리고 기쁨을 저에게 나누어주셨습니다. 엄마는 서울에서 공부하는 제가 밥은 제대로 챙겨 먹는지 늘 걱정이셨습니다. 2주마다 반찬을 택배로 보내주셨고, 두 달에 한 번씩 서울에 오셔서 이불이며 모든 옷을 다 꺼내서 햇볕에 말리시고, 싱크대와 냉장고까지 깨끗이 닦고 청소하시곤 했습니다.

저는 엄마와 하루에 한 번은 꼭 전화를 했습니다. 우리 사이에는 어떤 비밀도 없었습니다. 제게는 매일 일어나는 일들을 함께 이야기하는 친구와도 같았습니다.

취업 후에는 사회 초년생으로 직장생활에 대한 어려움을 엄마에게 털어놓곤 했습니다.

"일하는 게 힘들어서 회사를 그만두고 싶어요."

제가 이렇게 투정부리면 엄마는 늘 이렇게 말씀하셨습니다.

"효진아, 상사 말씀 잘 들어라. 그리고 어떤 힘든 일이 있어도 참아라."

그러면서 늘 아빠 이야기를 해주셨습니다. 30년간 한 직장에서 결근 한번 하지 않으신 책임감이 강한 아빠를 본받으라고 충고해주셨습니다.

그러던 2002년 9월 어느 날이었습니다. 엄마는 제가 좋아하는 옥수수를 쪄서 서울에 오셨습니다. 딸에게 맛있는 옥수수를 먹이려고 밭에서 따자마자 쪄서 봉투에 넣고 다시 보온박스에 넣어서 가져오셨습니다. 몇 시간이나 기차를 타고 오셨음에도 옥수수는 여전히 따뜻했고 맛있었습니다. 딸을 위해 정성을 다해 먹을 것을 준비하고 먼 거리를 무거운 짐을 들고 오신 엄마의 사랑은 하나님의 사랑과 많이 닮아 있었습니다. 아니, 그건 엄마를 통해 나타난 하나님의 사랑이었습니다.

그날 밤 저는 엄마 품에 안겨서 어린아이처럼 이런저런 이야기를 나누었습니다. 엄마는 저를 꼭 안아주셨고, 저는 엄마에게 말했습니다.

"엄마, 나는 엄마 없으면 못 살 것 같아. 엄마, 오래오래 건강하게 살아야 해."

"효진아, 엄마도 할머니가 돌아가시면 못 살 것 같았는데 다 살아지더라. 너도 나중에 엄마가 먼저 천국 가면 또 잊고 살 수 있을 거야."

"엄마, 그런 말 하지 마. 난 엄마 없으면 못 살아."

그때는 엄마가 갑자기 왜 그런 말씀을 하시는지 이해할 수 없었고, 이해하고 싶지도 않았습니다.

하늘이 무너지는 아픔

그로부터 한 달쯤 지난 주말이었습니다. 저는 당시 주중에는 열심히 일했지만 일이 없는 휴일이면 그저 집에서 멍하게 누워지냈습니다. 하루 종일 잠만 잘 때도 많았습니다. 전화기도 꺼놓고 밥도 먹는 둥 마는 둥 하며 의미 없는 시간들을 보냈습니다.

그날도 그렇게 집에서 뒹굴고 있었습니다. 그런데 학교에 갔던 남동생이 급히 문을 열고 뛰어 들어왔습니다.

"누나!"

동생의 얼굴은 땀과 눈물로 범벅이 되어 있었습니다.

"왜? 무슨 일이야?"

"누나, 엄마가…."

"엄마가 뭐?"

"엄마가…."

"뭐? 빨리 말해봐."

"엄마가… 돌아가셨대…."

"뭐라고…?"

"누나 전화기가 꺼져 있어서…."

저는 전화기를 꺼놓은 상태여서 아빠의 연락을 못 받았고 먼저 연락을 받은 남동생이 한 시간 동안 울면서 지하철을 타고 급히 달려온 것입니다. 믿을 수가 없었습니다. 도저히 믿을 수 없는 말이 동생의 입에서 나왔고, 저는 아무 말도 하지 못했습니다. 동생은 그 자리에 무릎을 꿇고 앉아 울면서 하나님께 엄마를 살려달라고 기도했습니다. 저는 그 순간에도 '지금 희승이가 뭐 하는 거지?'라고 생각하면서 상황을 받아들이지 못했습니다.

순간 시간이 정지된 것만 같았습니다.

"교통사고로… 트럭에… 그 자리에서 돌아가셨대…."

남동생의 말이 귀에 들렸지만 저는 아무 말도 할 수가 없었습니다. 저는 그 길로 봉천동 언덕을 대성통곡을 하며 뛰어 내려갔습니다. 사람들이 모두 쳐다보았지만 저는 거의 정신을 잃기 직전이었습니다. 청량리역에서 기차를 타고 고향인 도계로 향하는 5시간 동안 눈물이 멈추지 않았습니다. 저는 하나님께 엄마를 살려달라고 간절히 기도했습니다.

'하나님, 제발 엄마를 살려주세요. 정말 너무하세요. 저한테 왜 이러세요. 엄마가 저한테 어떤 존재인지 아시잖아요. 엄마만 살려주시면 무엇이든지 다 할게요. 제가 잘못했어요. 하나님, 제발 엄마를 데려가지 말아주세요… 제발요!'

기도를 하면서도 정말 하나님이 살아 계시다면 내게 너무 잔인하다는 생각밖에 들지 않았습니다.

엄마의 교통사고는 제 평생 가장 슬프고 심장이 찢어지는 듯한 고통이었습니다. 저는 장례식장에서 엄마의 영정(影幀)을 바라보면서도 엄마가 돌아가셨다는 사실을 믿을 수가 없었습니다. 마치 악몽을 꾸는 것만 같았습니다. 엄마는 저에게 하나님과 같은 존재였고, 가장 친한 친구이자, 제가 세상에서 가장 사랑하는 분이었습니다.

저는 친척들과 가족들의 만류에도 마지막으로 엄마의 얼굴을 보겠다고 우겼습니다. 그리고 엄마를 끌어안고 울었습니다.

"엄마, 제발 눈 좀 떠! 엄마, 제발… 일어나! 하나님, 엄마를 살려주세요. 제발 엄마를 살려주세요. 엄마… 가지마! 엄마 없이는 나는 못 사는 거 알잖아!"

저는 엄마의 주검 앞에서 모든 희망이 사라지는 것을 느꼈습니다. 엄마를 따라 같이 죽고 싶다는 생각뿐이었습니다. 엄마가 무덤에 묻히던 날까지도 저는 엄마를 도저히 보낼 수가 없었습니다. 큰소리로 부르면 엄마가 깨어날 것만 같았습니다.

"엄마, 제발 가지마! 나만 두고 가면 어떡해! 엄마 없이 어떻게 살라고. 하나님, 우리 엄마를 살려주세요!"

저는 그렇게 목이 쉬도록 엄마를 불렀고, 엄마의 시신이 무덤에 완전히 묻힐 때쯤에는 더 이상 목소리조차 나오지 않았습니다. 저는 장례를 치르고 집으로 오면서 마음속으로 모든 것을 포기했습니다.

'이제야말로 정말 내 삶에 희망이 없구나. 내가 무엇을 위해 살아야 하나. 내가 왜 이 고통을 견디고 살아야 하나. 이제 정말 죽어야겠다.'

그렇게 또 다시 죽음을 생각하니 흐르는 눈물을 주체할 수가 없었습니다. 엄마가 돌아가신 지 일주일이 지나도록 저는 누워서 울기만 했습니다. 엄마의 성경책, 엄마의 흔적이 그대로 묻어 있는 집에 있으니 보고 싶어서 견딜 수가 없었습니다. 너무 보고 싶고 그리워 엄마의 사진조차 볼 수 없었습니다. 사진을 보고 있으면 금방이라도 엄마가 내 이름을 부르며 돌아올 것만 같았습니다. 뼈를 깎는 듯한 고통과 슬픔의 나날이었습니다.

급작스럽게 내 곁을 떠나신 후
너무 보고 싶어 사진조차 볼 수 없었던 엄마.

'이 고통의 끝이 과연 있을까?'

'왜 남들에게 일어나지 않는 사고가 나에게는 일어날까?'

'내 삶은 왜 이렇게 비참하고 불행할까?'

'나는 왜 이 세상에 온 것일까?'

끝도 없는 질문들이 내 안에서 흘러나왔지만 답은 어디에도 없었습니다. 그렇게 며칠 동안 폐인(廢人)처럼 멍하니 있다가 울다 가를 반복하며 바닥에 힘없이 누워 있을 때였습니다. 그런 저를 보고 있던 여섯 살짜리 조카가 저를 향해 두 손을 뻗으며 갑자기 노래를 부르기 시작했습니다.

"당신은 사랑받기 위해 태어난 사람, 당신의 삶 속에서 그 사 랑 받고 있지요. 당신은 사랑받기 위해 태어난 사람…."

제 앞에서 밝고 환한 미소를 지으며 그 노래를 부르는 조카를 보면서 갑자기 '내가 하나님의 사랑을 받기 위해 태어난 존재가 아닐까'라는 생각이 들기 시작했습니다. 무언가 알 수 없는 빛이 제 머리를 깨우고 가슴을 비추는 듯 했습니다.

조카는 슬픈 저를 위로하려고 부른 것이었는데, 그 순간 조카 의 모습이 제 눈에는 마치 천사처럼 보였습니다. 평소 내가 보던 조카의 모습이 아니었습니다. 하나님은 조카를 통해 제가 이 땅에 우연히 태어난 것이 아니라 하나님의 사랑을 받기 위해 태어난 존 재임을 깨닫게 하신 것입니다.

다시 하나님께로 돌아가다

하나님은 인생의 가장 깊은 눈물의 골짜기에서 더 이상 아무런 희망도 없는 그 시간에 제 삶으로 오셨습니다. 그 시간 제가 살아온 삶이 주마등처럼 지나갔습니다. 너무 비참한 삶. 멸시와 천대 그리고 조롱들… 저는 삶과 죽음의 기로에 서 있었고 이미 제 마음은 죽음의 길로 들어서고 있을 때였습니다.

그날 조카가 찬양을 부르는 3분의 시간은 정지된 것만 같았습니다. 어렴풋이 하나님의 부르심이 느껴졌습니다. 마치 나를 향해 손을 내미시는 것만 같았고 저는 따스한 그 손을 잡았습니다.

그리고 잠들었는데 그날 밤 꿈을 꾸었습니다. 엄마가 꿈에 보였고 저는 울면서 엄마에게 물었습니다.

'엄마, 왜 이런 끔찍한 사고가 난 거야? 하나님이 엄마를 데려가신 거야?'

'효진아, 하나님이 그러신 거 아니야. 엄마가 차를 못 봐서 난 사고야.'

저는 꿈속에서 엄마를 안고 계속해서 눈물만 흘렸습니다.

"엄마, 다시 돌아와. 하나님께 다시 보내달라고 말해봐. 나는 엄마 없이 못 사는 거 알잖아."

제가 기억하는 꿈속의 엄마도 너무나 슬퍼보이셨습니다. 저는 울면서 잠에서 깼고 베게가 눈물에 흠뻑 젖어 있었습니다.

저는 그날 밤 하나님께 이렇게 기도했습니다.

"하나님, 제발 저도 데려가주세요. 이 세상에서 하루도 살고 싶지 않아요. 아니면 엄마를 다시 보내주세요. 하나님은 하실 수 있잖아요. 저는 이제 못살아요. 아무런 희망이 없어요. 제발요."

그러나 엄마는 돌아오지 않으셨고, 저는 내적치유를 받기 전까지 엄마가 다시 살아나는 꿈을 꾸곤 했습니다.

그런데 이상하게도 그 꿈을 꾸고 나니까 하나님이 일부러 내신 사고가 아니라 실수에 의한 사고이고, 화(禍)를 복(福)으로 바꾸신 하나님이라는 사실이 믿어졌습니다. 이 꿈을 꾸지 않았으면 저는 또 하나님을 원망하는 마음이 있었을지도 모릅니다. 제가 집안에 무슨 사고만 나면 하나님을 원망하니까 하나님께서도 그 오해를 풀고 싶으셨나 봅니다.

> 저가 비록 근심케 하시나
> 그 풍부한 자비대로 긍휼히 여기실 것임이라
> 주께서 인생으로 고생하며 근심하게 하심이
> 본심이 아니시로다
> 예레미야애가 3:32,33

꿈을 꾸고 난 다음날 엄마가 다니시던 교회의 목사님과 사모님이 집으로 찾아오셨습니다. 사모님과 대화하던 중 엄마의 마지막 기도제목을 알게 되었습니다.

"효진 자매님, 어머니가 돌아가시기 전날 함께 기도를 했는데 자매님이 하나님께로 돌아오기를 간절히 바라고 계셨어요. 어머니의 마지막 기도제목이에요."

저는 엄마의 유언만큼은 꼭 지켜야겠다는 생각에 8년 동안 나가지 않았던 교회에 다시 가기로 결심했습니다.

당시 저에게는 어떤 선택의 여지도 없었습니다. 세상에서 가장 사랑하는 엄마의 유언은 저를 비극과 저주가 아닌 하나님의 사랑과 은혜로 이끌고 있었습니다.

엄마는 제가 사고를 당하면서 예수님을 만나 주님의 사랑에 의지하면서 사시다가 52년의 짧은 생을 마감하셨습니다. 하지만 돌아보니 엄마의 죽음은 제가 하나님을 만날 수 있는 하나님의 마지막 선택이 되었습니다. 만약 엄마가 살아 계시다면 저는 아마도 교회에 다시 가지 않았을 것입니다. 저를 지켜주지도 않으시고 보호해주지도 않으신 하나님에 대한 깊은 원망이 하나님께로 나아가는 길을 막고 있었기 때문입니다.

훗날 저를 구원의 길로 인도하신 엄마의 사랑에 감사하며, 엄마께 편지를 쓰기도 했습니다.

사랑하는 엄마께

보고 싶고 사랑하는 엄마, 엄마가 보고 싶어서 얼마나 많은 밤을 눈물로 베개를 적셨는지 몰라요. "엄마"라고만 불러도 흐르는 눈물, 그렇게 일찍 가시려고 그렇게도 많은 사랑을 부어주셨나요?

가끔 엄마를 꿈속에서 보면 깨고 싶지 않고, 저도 빨리 엄마가 계신 천국에 가고 싶은 날이 많았어요.

저 때문에 하루도 편히 주무시지 못한 엄마, 더 이상 눈물도 고통도 없는 천국으로 엄마를 데려가신 하나님께 이제는 감사할 수 있어요.

그리고 엄마, 엄마가 만난 그 하나님을 저도 만났어요. 엄마의 유언과 하나님의 부르심, 그 모든 일에 이제는 참 감사해요.

사랑하는 엄마, 저를 낳아주시고 잘 키워주시고, 무엇보다 하나님을 만나게 해주셔서 감사해요. 하나님과 엄마를 실망시키지 않고, 하나님의 뜻을 이 땅에 이루기 위해 살게요.

하나님께서 나를 지으신 목적대로 부르신 소명대로 살다가 하나님께서 부르시는 날, 그때 다시 만나요. 사랑해요. 엄마!

엄마의 죽음을 통해 다시 만난 하나님이기에 이후 하나님과 저의 사랑은 누구보다 깊었습니다. 더욱 감사한 것은 저와 마찬가지로 잠시 교회를 떠났던 언니도 같이 교회를 다니기 시작했고,

언니를 통해 불교 집안에서 태어나 교회 문턱에도 가보지 못했던 형부까지 예수님을 믿게 되었습니다. 사랑스런 조카들도 함께 교회에 다니고 있습니다. 엄마는 그렇게 우리 가정에 한 알의 밀알이 되셨습니다.

> 내가 진실로 진실로 너희에게 이르노니
> 한 알의 밀이 땅에 떨어져 죽지 아니하면 한 알 그대로 있고
> 죽으면 많은 열매를 맺느니라
>
> 요한복음 12:24

오래 기다려주신 아버지 사랑

제가 4남매 가운데 유난히 엄마를 좋아하면서 아빠와는 친해질 기회가 많지 않았습니다. 하지만 저는 늘 아빠를 존경하고 사랑했습니다. 엄마를 아껴주고 사랑해주시던 모습은 지금도 기억이 생생합니다. 두 분은 늘 즐겁게 대화하셨고, 밤에도 제가 거실에서 공부할 때면 안방에서 조곤조곤 대화하시는 소리가 들리곤 했습니다. 사람들이 모두 천생연분이라고 할 정도로 정말 아름다운 부부였습니다.

아빠는 가장(家長)의 역할에 매우 충실하셨습니다. 40년 가까이 버스 운전을 하시면서 아무리 아파도 결근하지 않으시고 열심

히 일하시는, 책임감이 무척 강한 분이셨습니다. 그런 아빠셨지만 어렸을 때 제가 잠들면 저를 품에 안고 많이 우셨다고 합니다. 저를 보는 것만으로도 너무 아파하시는 부모님의 마음을 어린 나이에도 읽을 수가 있었습니다. 그래서 저는 부모님 앞에서는 좀처럼 울지 않았고, 힘든 일이 있어도 표현하지 않았습니다.

그러던 아빠와 저는 세상에서 가장 사랑하는 사람, 엄마를 떠나보내야 하는 아픔 앞에서 절망할 수밖에 없었지만 서로를 의지하며 지난날 나누지 못했던 부녀(父女)간의 친밀한 사랑을 나누는 시간을 갖게 되었습니다. 매일 아침저녁으로 전화하여 안부를 묻고 서로를 위로했습니다. 아빠와 저는 하나님께 더욱 의지하게 되었고, 하나님은 우리의 위로자가 되어 주셨습니다. 하나님은 엄마의 빈자리를 충분히 채워주셨습니다.

아빠와의 친밀한 사랑은 하나님 아버지와의 사랑으로 그대로 이어졌습니다. 저는 하나님께서 제 삶에 얼마나 깊이 관여하고 계셨는지 내적치유를 받으면서 더 깊이 깨달았습니다. 내적치유 시간에 육신의 아빠와 하나님 아버지를 동일시하면서 아빠와의 관계에 문제가 있으면 하나님의 사랑이 온전히 흘러들어오기가 힘들다는 말씀을 들었습니다. 저는 그때, 엄마가 돌아가시고 난 후 5년간 아빠와의 친밀한 교제의 시간이 하나님 아버지를 온전히 사랑하기 위한 하나의 과정이었음을 알게 되었습니다.

부모에게 효도하고 싶었던 마음이 하나님 아버지께 효도하고 싶은 마음으로 전이(轉移)되어, 하나님 아버지를 기쁘시게 해드리고 싶은 열망이 제 마음에 가득했습니다. 저는 아빠를 사랑하는 방식대로 하나님 아버지를 사랑하기 시작했습니다. 아침저녁으로 아빠에게 전화하듯이 기도를 통해 하나님 아버지와 대화하며 친밀한 사랑의 교제를 나누기 시작했습니다. 그러자 아들이신 예수님을 죽이면서까지 나를 살리신 하나님의 사랑이 제 온몸을 감싸왔습니다.

아픈 자식에게 더 관심을 가지는 것이 부모의 마음이듯 하나님은 저보다 더 아파하시고, 저를 눈동자처럼 지키시고 보호해주셨습니다. 저는 늘 비바람이 몰아치는 광야 길을 혼자서 걸어간다고 생각했습니다. 그러나 돌이켜보면 저는 온실 속에 있었습니다. 예수님을 십자가에 못 박으실 정도로 나를 사랑하신 하나님은 엄마를 통해 세상 그 누구도 받을 수 없는 넘치는 사랑을 부어주셨습니다.

오랜 세월 동안 저를 사랑하셔서 제게로 가까이 오고 싶으신데, 늘 거절하고 원망하며 등을 돌렸던 저 때문에 아파하셨을 하나님 아버지의 마음을 생각하면 눈물이 멈추질 않습니다. 하나님 아버지는 제가 그 품으로 이렇게 돌아오기까지 기다려주셨습니다. 두 팔을 크게 벌리시고, 있는 모습 그대로 어서 돌아오라고 기다리고 또 기다리셨습니다. 저는 그 한없는 사랑에 그저 감사할 뿐입니다. 더욱 감사한 것은 어린 나이에 다친 얼굴로 인해 고통스러워서 눈물조차 흐르지 않는 아픔을 겪었기에 감히 제가 아들을 십자가에 죽게 하신 하나님의 마음을 조금이나마 알 수 있다는 사실입니다.

저는 이제 하나님의 마음을 기쁘고 즐겁게 해드리고 영화롭게 하며, 하나님께 영광 돌리는 삶을 살고 싶습니다. 예수 그리스도 안에서 그분의 사랑과 은혜를 마음껏 누리는 삶을 살고 싶습니다. 그리고 나의 아버지의 꿈, 하나님나라를 이 땅에 도래(到來)케 하는 삶에 제 전부를 걸고 싶습니다.

사랑에 빚진 자

나는 아무것도 할 수 없는 나약한 존재입니다.
멸시와 천대, 손가락질과 비난 속에서
숨쉬기조차 고통스러운 시간들이었습니다.
나의 존재가 짓밟히고
자존심은 처참히 무너졌습니다.

어두운 고통의 터널 속에서
예수님께서 꿈이라는 모습으로
제 곁에 오셨습니다.
꿈은 그저 꿈일 뿐이라고 생각했는데
영의 눈이 떠지고
영의 귀가 열리고
뒤돌아보니
예수님은 늘 제 옆에서 동행하고 계셨습니다.

고통과 슬픔 그리고 절망을
왜 내게 허락하셨는지
아직은 다 알 수 없지만
고통의 크기에 비례하여
하나님의 사랑이 크다는 사실을 깨달았습니다.

예수님의 무덤으로 제일 먼저 달려가
예수님의 이름을 부르며 눈물 흘린 마리아처럼
나에게 예수님은 그 이름만으로도
눈물이 흐르는 분이십니다.
십자가의 희생, 고통, 눈물이
나를 위해 대신 당하신 고통임에
어떤 말로도 그 은혜를 다 표현할 수 없습니다.

다 이해할 수 없을지라도
이제 나는 감사합니다.
세상 무엇과도 바꿀 수 없는
하나님의 사랑을 얻었기 때문입니다.

하나님의 사랑과 은혜
그것만으로 나는 족합니다.
이제 나는 사랑에 빚진 자가 되었습니다.
이 빚을 갚는 일에 평생을 바치고 싶습니다.
마음껏 쓰시옵소서.
나를 드립니다.

—3
놀라운 은혜의
예비하심

모든 원망과 불평이 감사로

저는 한때 니체의 '신은 죽었다'는 철학에 심취해서 하나님
의 마음을 많이 아프게 했습니다. 만세(萬世) 전부터 나를 사랑하
신 하나님이 나로 인해 얼마나 마음 아프셨을지 생각하면 너무나
죄송하고, 그 상하신 마음, 상처 입은 심장을 위로해드리고 싶습
니다.

'하나님은 나와 대화하기 원하시고 나에게 관심이 많으신데
내가 그동안 하나님을 외롭게 해드렸구나. 하나님은 나를 만나기
위해 그렇게 기다리셨는데, 나를 축복해주시려고 기다리셨는데
내가 오지 않아서 축복을 못해주고 계셨구나.'

이와 같은 사실을 깨달은 후 하나님과의 친밀한 관계를 천국에 갈 때까지 꼭 유지해야겠다는 결심을 하게 되었습니다. 저는 하나님의 사랑을 잊는 것과 하나님을 슬프게 하는 것이 가장 두렵습니다. 그래서 더 이상 사람이나 세상이 두려운 것이 아니라 저 자신이 가장 두렵습니다.

성경에서 수많은 믿음의 선진(先進)들이 하나님을 뜨겁게 사랑하다가도 나태함과 게으름 그리고 교만으로 인하여 죄를 범하는 구절을 읽을 때면 마음이 아픕니다. "가지 많은 나무 바람 잘 날 없다"라는 속담처럼 '하나님은 많은 자녀들로 인하여 얼마나 아프셨을까?' 생각하면, 제 마음을 지키는 것이 가장 중요하다는 것을 깨닫습니다.

무릇 지킬만한 것보다 더욱 네 마음을 지키라
생명의 근원이 이에서 남이니라
잠언 4:23

하나님을 만나기 전에는 모든 것이 의문이고 불평이었지만, 살아 계신 하나님을 만나고 나니 모든 것이 감사로 바뀌었습니다. 제게 왜 그런 끔찍한 사고가 났는지 알 순 없지만 저를 죽음에서 건져주셔서 감사했습니다. 또한 눈을 지켜주셔서 하나님이 창조하신 아름다운 세상을 볼 수 있게 해주신 것도 감사드립니다. 오른손 대신 왼손을 다친 것도, 걸을 수 있는 두 발이 있음도, 말할 수 있는 입을 주셔서 하나님을 찬양하고 하나님께 기도드릴 수 있음도 정말 감사합니다.

사랑하는 가족을 주시고 엄마를 통해 하나님의 사랑을 날마다 흘려보내주신 하나님께 참으로 감사드립니다. 돌아가신 엄마가 그립고 보고 싶지만, 이 땅에서 저로 인해 하루도 편한 잠을 주무시지 못한 엄마를 고통에서 건지시고 천국에서 하나님의 품에 안아주심에 이제는 감사드릴 수 있습니다.

엄마와 잠시 떨어져 있지만 언젠가는 만날 수 있는 희망을 주신 하나님은 저의 전부이십니다. 이제 저는 하나님 한 분만으로 족하며, 하나님으로 인해 세상이 줄 수 없는 기쁨을 누리고 있습니다.

물질 청지기 훈련

2001년 당시 유명한 인테리어디자이너 밑에서 신입 시절을 보내던 때, 제 월급은 100만 원이었습니다. 평소에 돈이 생기면 아까워서 잘 쓰지 못하는 저는 마을버스 요금을 아끼려고 전철역에서 회사까지 20분씩 걸어다니곤 했습니다.

그런 저는 엄마가 돌아가신 후 교회에 다시 다니기 시작하면서부터 하나님이 부어주신 은혜에도 불구하고 헌금하는 게 아깝게 느껴졌습니다. 미리 헌금을 준비하기는커녕 헌금 시간이 되면 허둥지둥 지갑을 열어 천 원짜리가 있으면 하고, 만 원짜리만 있으면 헌금을 하지 않았습니다. 함께 교회에 다니던 남동생은 제 모습을 보고는 배꼽을 잡고 웃었습니다. 은혜받고 눈물 콧물 다 흘리고 헌금 시간만 되면 정신을 차리고 천 원짜리를 찾는 모습이 웃겼던 것입니다.

월급에서 부모님 건강보험료를 내드리고, 생활비를 쓰고 나면 남는 게 별로 없었습니다. 그런 저에게 십일조를 해야 한다는 목사님의 말씀은 참으로 지키기 힘들었습니다.

그러던 어느 날 저에게 도전이 되는 목사님의 말씀을 들었습니다.

"거지도 밥그릇이 있어야 밥을 얻어먹습니다. 하나님 앞에 밥그릇이라도 내밀어야 채워주시지 않겠습니까?"

십일조와 감사헌금을 드리면 30배, 60배, 100배로 채워주시는 하나님의 은혜를 경험할 수 있으며, 성경에 유일하게 하나님을 시험하여보라고 하신 부분이 십일조라고 하셨습니다.

그 말씀을 듣고 다시 채워주시기를 기대하며 십일조 10만 원을 드렸습니다.

만군의 여호와가 이르노라

너희의 온전한 십일조를 창고에 들여

나의 집에 양식이 있게 하고

그것으로 나를 시험하여 내가 하늘 문을 열고

너희에게 복을 쌓을 곳이 없도록 붓지 아니하나 보라

말라기서 3:10

다음 날 회사에 출근을 했는데 제 책상 위에 봉투가 있기에 열어보니 10만 원이 있었습니다. 저는 깜짝 놀라지 않을 수 없었습니다. 나중에 알고 보니, 엄마 장례식에 참석하지 못한 직원들이 한 달이 훨씬 지났음에도 돈을 모아서 제 책상에 놓은 것이었습니다. 하나님은 정말 공짜로 받지 않으시고 다시 돌려주시는 분임을 처음으로 경험했습니다.

이후 저는 또 하나님을 시험해보고 싶은 마음이 들어서 십일조로 두 배인 20만 원을 미리 드렸습니다. 그러면 제 월급이 200만 원이 들어올 거라는 계산이 머릿속에 있었던 것입니다. 그런데 정말 신기하게도 제가 얼마 후 회사를 옮기면서 월급이 200만 원이 되었습니다. 저는 이 일을 통해 하나님나라에는 심고 거두는 법칙이 있음을 알게 되었고, 나중에는 100만 원을 십일조로 미리 드리기도 했습니다.

지금 생각하면 조금은 유치한 하나님과의 거래(?)였지만 그럼에도 불구하고 응답하시고 말씀대로 신실하게 약속을 지키신 하나님께 감사드립니다.

옥탑방 사장님

십일조로 기도 응답을 받은 저는 이번에는 더 큰 것을 구하기 시작했습니다. 당시 남동생과 저는 봉천동 전세방에서 자취를 하고 있었습니다. 둘 다 엄마를 잃은 상처가 너무 컸고 하나님을 더 간절히 찾을 수밖에 없는 상황이었습니다. 그래서 우리는 밤마다 골방에서 방언으로 기도했습니다. 그런데 남동생의 방언 기도 소리가 너무 커서 옆집에서 자꾸 항의가 들어왔습니다.

저는 하나님께 마음껏 기도할 수 있는 편안한 집을 달라고 기도하기 시작했습니다. 그렇게 기도하던 중, 시골에 계신 아빠가 전화를 하셨습니다.

"뉴스를 보니 서울에 원룸(one-room) 임대업이 노후 대책에 좋다고 하는데 한번 알아봐라."

"아빠, 서울은 집값이 비싸요."

"노년에 시골에서 엄마와 살려고 사놓은 집을 팔고, 엄마 보험금을 합쳐서 살 수 있는 집으로 알아봐라."

그날로 저는 원룸이 많은 봉천동으로 갔습니다. 중개업자가

한 건물을 보여주었는데 저는 그 건물을 보자마자 바로 이 집이라는 확신이 들었습니다. 저는 바로 계약을 진행했습니다. 집을 달라고 기도한 지 한 달 만에 하나님께서 옥탑에 기도실로 쓸 만한 방이 있는 아주 좋은 집을 주셨습니다. 옥탑방에서 창문을 열면 교회 십자가가 보이는 집이었습니다.

이사한 첫날 저는 옥탑방에서 기도하며 하염없이 울었습니다. 그 집은 엄마의 피값으로 산 집이기 때문이었습니다. 평생 피땀 흘려 일하시고 노후에 지내려고 마련하신 집을 팔고, 보험금을 합쳐서 산 집이었기에 저에게 그 집은 엄마의 품과 같은 곳이었습니다. 아빠도 이사 온 첫날, 집을 보고 눈물을 흘리셨습니다.

"효진아, 이 집은 엄마의 피로 산 집이다. 잘 관리해라."

그 건물은 4층짜리였고, 저는 4층에 살면서 건물을 관리했습니다. 부동산에서는 아빠를 대신하여 모든 계약을 제가 대행했기 때문에 저를 '사장님'이라고 불렀습니다. 당시 제 나이는 스물여덟 살이었고 비록 아빠의 권리를 대신한 사장이지만, 그렇게 불리다가 진짜 사장이 될 거라는 생각이 들었습니다.

"믿음은 바라는 것들의 실상이요 보지 못하는 것들의 증거"(히 11:1)라고 하셨으니, 저도 말씀에 근거해서 미래에 사장이 된 모습을 그려보았습니다. 그리고 같이 사는 남동생 앞에서 입술로 시인(是認)하고 선포했습니다.

"희승아, 누나는 3년 후에 사장이 될 거니까 지금부터 '사장님'이라고 불러줘!"

"사장님! 누나는 그 믿음대로 꼭 사장님이 될 거야."

그날 이후 남동생은 제가 CEO의 꿈을 꾸고, 꿈이 이뤄져가는 모든 과정을 옆에서 지켜본 산증인이 되었습니다.

하나님은 죽은 자를 살리시며
없는 것을 있는 것 같이 부르시는 이시니라
로마서 4:17

하나님께서는 그렇게 원룸 관리를 통해 미리 CEO 훈련을 시키셨습니다. 저는 회사에 다니면서 원룸을 관리하는 일이 무척 힘들었지만 열심히 관리했습니다. 세입자들이 매일 집 앞에 아무렇게나 내놓은 쓰레기들은 다시 분리하여 정리해야 했고, 층별로 나오는 가스 요금과 수도 요금을 집집마다 사용한 만큼 나눠서 공지하고, 받는 일 등 크고 작은 일들이 많았습니다.

원룸은 주로 대학생과 직장인들이 머물렀는데 수시로 이사를 가고 오기 때문에 이사철이 아닐 때 방을 빼는 것이 참 어려웠습니다. 게다가 계약 기간이 끝나지도 않았는데 이사를 간다고 보증금을 달라고 하는 경우도 많았습니다. 저는 그럴 때마다 하나님께

매달려 기도했습니다. 계약 건은 나의 노력과 의지로 할 수 있는 일이 아니었습니다. 좋은 세입자도 하나님께서 보내주셔야 한다는 사실을 깨닫게 되었습니다. 그래서 저는 하나님의 은혜와 축복이 각 집에 임하도록 세입자들을 위해 기도하곤 했습니다.

하나님께서는 그렇게 5년 동안 CEO 훈련을 시키시고는 제가 회사 창업을 하게 되자 집이 순조롭게 매매되도록 해주셨습니다. 돌이켜보면 이 모든 과정을 준비하신 분도 하나님이시고, 인내할 수 있도록 하신 분도 하나님이십니다. 나의 뜻과 계획이 아닌 하나님의 계획하심대로 인도해주신 은혜에 감사드립니다.

너의 행사를 여호와께 맡기라
그리하면 너의 경영하는 것이 이루리라
잠언 16:3

믿음이 없이는 기쁘시게 못하나니
하나님께 나아가는 자는 반드시 그가 계신 것과
또한 그가 자기를 찾는 자들에게
상 주시는 이심을 믿어야 할지니라
히브리서 11:6

'이제는 **나의 뜻과 계획대로** 살지 않겠습니다.
예비하신 그 길로 **나를 이끄소서!**'

사자굴로 보내신 하나님

저는 디자인 분야에서 일하고 있지만 특별히 예술적인 감성이 뛰어나진 않습니다. 제 힘으로 노력해서 디자인했을 때는 자주 한계에 부딪히곤 했습니다. 그래서 저는 교회에 다시 다니면서 디자인의 영감과 아이디어를 구하는 기도를 가장 많이 했습니다.

"우주 만물을 창조하신 하나님의 영감과 능력을 조금만 제게 나누어주세요."

이렇게 기도하면 기도하지 않을 때와는 다르게 능력이 부어지는 느낌이 들었습니다. "내게 능력 주시는 자 안에서 내가 모든 것을 할 수 있느니라"(빌 4:13)라는 하나님의 말씀은 저에게 큰 위로와 힘이 되었습니다. 당시 저는 이렇게 기도하곤 했습니다.

"하나님, 일터에서 빛과 소금이 되게 하시고, 머리가 되고 꼬리가 되지 않게 해주세요. 윗사람에게 인정받고 아랫사람에게 존경받는 사람이 되게 해주세요. 하나님의 영감과 능력, 창조적 아이디어를 부어주세요. 속히 이곳에서 나를 건지사 하나님을 찬양하고 예배드릴 수 있는 회사를 주세요. 이미 주신 줄로 믿고 하나님께 감사합니다."

실제로 프로젝트를 진행하면서 저와 같이 일했던 건설사에서 계속 저만 찾는 경우가 있었습니다. 이미 담당자가 배정되었는데도 저랑 같이 일하고 싶으니 담당자를 바꿔달라는 제안이 들어오는 경우도 있었습니다. 정말 신기하게도 하는 일마다 잘 풀렸고, 비슷한 재능과 능력을 가진 직원들 사이에서도 유난히 상사의 사랑을 많이 받았습니다. 이 모든 것이 하나님의 은혜였습니다.

제가 십일조 20만 원으로 하나님을 시험하면서 하나님께서는 업계 랭킹 5위 안에 들어가는 큰 인테리어 회사로 저를 옮겨주셨습니다. 저는 그곳에서 지금의 예인건축연구소의 기초가 되는 아파트 설계를 배우게 되었습니다.

그곳은 혹독한 훈련과 냉정함만이 있는 곳이었습니다. 능력이 없으면 도태되어 스스로 나가거나, 건강이 나빠져서 회사를 그만두는 경우가 많았습니다. 작고 가정적인 분위기에서 일을 배웠던 제가 적응하기에는 너무 힘든 그야말로 사자굴과 같은 회사였습니다. 디자인을 찍어내는 공장과 같은 분위기였고, 저는 날마다 회사를 그만두고 싶다는 생각을 했습니다. 하루에 평균 14시간씩 일하고 집에 가서는 잠만 자고 나오는 제 삶이 너무 비참했습니다.

그래도 저는 기도의 끈을 놓지 않고, 이 사자굴 같은 곳에서 구해달라고 날마다 기도했습니다. 그러나 하나님께서는 그곳에 저를 3년 동안이나 두셨습니다.

토요일은 물론이고 가끔은 주일에도 회사에 나가서 일하곤 했습니다. 저는 주일예배만 겨우 드리고 틈만 나면 시체처럼 깊은 잠에 빠져들곤 했습니다. 일이 힘들수록 CEO의 꿈은 더 커져만 갔고, 그곳에서 독립해 꼭 인테리어디자인 회사를 만들고 싶다는 소망도 깊어져 갔습니다.

끝나지 않을 것만 같은 혹독한 훈련이 끝나고 드디어 하나님께서 CEO의 길을 열어주셨습니다. 그러나 하나님께서는 힘든 업무와 상사와의 갈등 때문에 불평하며 감사하지 못했던 전 직장에서의 3년을 회개하게 하셨습니다.

"하나님을 사랑하는 자, 곧 그 뜻대로 부르심을 입은 자들에게는 모든 것이 합력하여 선을 이루느니라"(롬 8:28)라는 말씀처럼 그곳에서의 시간들도 하나님의 선하신 뜻이었습니다. 최근에는 그 회사를 그만둔 분이 큰 호텔 설계를 연결시켜 주시기도 했습니다.

저는 아무것도 한 것이 없는데 하나님은 자꾸만 주십니다. 구하지 아니한 것까지 주시니 감사해서 눈물을 흘릴 때가 많습니다. 주시는 분도 취하시는 분도 하나님이십니다. 불타는 소망과 꿈을 주신 분도, 저를 사자굴로 보내신 분도 하나님이시고, 그곳에서 저를 건지시고 CEO로 세우신 분도 하나님이십니다. 저는 이 땅에 도래한 하나님나라에서 제 생명이 다하는 그 시간까지 하나님의 뜻을 이루고, 제 사명을 다한 후에는 천국에 입성(入城)하고 싶습니다.

선물 같은 첫사랑

저는 평범하게 사는 사람들이 제일 부러웠습니다. 평범한 대학생이 연애하고 졸업해서 배우자를 만나 결혼하는 삶, 남들에게는 당연한 삶이었지만 저에게는 그렇지 않았습니다.

'내가 과연 결혼은 할 수 있을까? 나중에 아이가 엄마의 얼굴 때문에 친구들에게 놀림당하거나 엄마를 부끄러워하면 어쩌지?'

이런 걱정으로 연애나 결혼은 아예 포기하고 있었습니다.

그러다가 자살 시도 이후 대학 3학년 때 '항상 내려다보고 살라'는 엄마의 말씀이 생각나서, 나보다 못한 사람들과 서로 위로하며 지내고 싶다는 생각에 인터넷에서 '장애우를 사랑하는 모임 카페'에 가입했습니다. 온라인을 통해 20명가량이 날마다 인터넷 상에서 대화하고 서로를 위로하는 카페였습니다. 저는 적극적으로 카페 활동을 하면서 아픔을 함께 나누기 시작했습니다.

그런데 채팅을 2개월가량 하면서 얼굴도 보지 못한 한 사람을 마음에 두기 시작했고, 글을 통해 그 사람의 따뜻한 마음이 느껴지면서 어느새 그를 짝사랑하게 되었습니다. 당시 그 사람은 장애인도 아니었고, 교제하는 사람도 있었고, 부유한 집안의 3대 독자로 좋은 학벌에 부족함 없이 자란 사람이었습니다. 저는 상처받는 것이 두려워서 좋아한다는 말도 못하고 혼자서만 좋아하고 있었습니다.

그리고 정기 모임이 있던 날 처음으로 그를 만났고, 남자답고 카리스마 넘치는 모습에 더 반하고 말았습니다. 저는 그가 더 좋아지기 전에, 내가 더 상처받기 전에 카페를 떠나야겠다고 생각하고 채팅방에도 가지 않고 다시 제 삶으로 돌아왔습니다. 그런데 일주일이 지나서 그 사람에게서 연락이 왔고 안부를 물어오면서 그때부터 전화를 자주하게 되었습니다.

그렇게 한 달이 지난 어느 날, 그에게서 집 앞 공원이라며 잠시 나오라는 전화가 왔습니다. 저는 연애 경험도 없는 데다 눈치도 없어서 그 사람이 나를 좋아하리라고는 생각지도 못했습니다. 그런데 만나자마자 그는 얼굴이 빨개지고 말도 약간 더듬는 듯 하더니 저를 많이 좋아한다는 고백을 했습니다. 저는 마치 꿈꾸는 것만 같았고 '어떻게 나를 사랑할 수 있을까'라는 생각에 아무 대답도 못하고 공원에서의 짧은 만남을 마쳤습니다.

이후 그는 사귀던 사람에게 결별을 선언하고 저에게 정식으로 교제 신청을 했고, 저는 그와 데이트를 하기 시작했습니다. 그는 만날 때마다 장미꽃을 한 송이씩 주면서 사랑 고백을 했고, 이 땅에 태어난 이유가 저를 만나기 위해서인 것 같다는 말도 수없이 했습니다.

지하철을 타거나 길을 걸을 때 사람들이 우리를 쳐다보는데도 전혀 의식하지 않고 오히려 제 마음을 위로해주었습니다.

"사람들이 우리를 쳐다보는 건 효진 씨가 예쁘기 때문이에요. 신경 쓰지 마세요."

오히려 사람들이 많은 곳에서는 제 손을 꼭 잡아주면서 저를 전혀 부끄러워하지 않았습니다. 당시 저는 하나님의 품을 떠나서 살고 있었지만, 그를 하나님께서 보내준 사람이라고 생각할 수밖에 없었습니다.

그러나 엄마가 돌아가시고 하나님을 다시 만나고부터 갈등이 시작되었습니다. 그를 교회로 인도하려고 할 수 있는 모든 방법을 동원해보았으나 결국 실패하면서 저는 헤어져야겠다는 결심을 했습니다. 저는 그 사람보다 하나님이 더 좋아지기 시작했고, 하나님을 믿지 않는 사람과 평생을 함께할 자신이 없었습니다. 그리고 제가 하나님을 더 사랑하면 할수록 믿지 않는 사람과의 만남에는 기쁨도 없고 즐거움도 없음을 깨달으면서 7년간의 긴 만남에 이별을 선언하고 헤어지게 되었습니다.

비록 실패로 끝난 첫사랑이었지만 저에게는 참 고마운 사람이었습니다. 저는 그 사람과의 만남이 단순한 우연이라고 생각하지 않습니다. 당시 너무나 외롭고 우울해하는 저에게 보내준 하나님의 선물이라고 생각합니다. 그 사랑을 통해 나도 한 남자에게 사랑받을 수 있다는 사실을 깨달았고, 여자로서 무너진 자존감도 다시 회복되었습니다. 돌아보면 이 또한 하나님의 사랑이었습니다.

꽃처럼 아름다웠던 첫사랑은 실패로 끝났지만
여자로서 사랑받을 수 있음을 알게 하심에 감사했습니다.

장애 3급 진단을 받다

대학을 졸업하고 직장생활을 하면서 제 얼굴이 문제가 된 적은 한 번도 없었습니다. 일상생활에서는 "쯧쯧, 어쩌다가 그렇게 되었어요?"라고 물어보는 사람들이 많지만, 직장을 다니면서 만나는 동료나 수많은 협력업체 관계자들은 단 한 사람도 저에게 무슨 사연이 있었는지 물어보지 않았습니다.

하지만 가끔 저는 누군가와 처음 만나는 자리에 앞서서 '내 얼굴로 인해서 선입견을 갖거나 불쾌해하면 어쩌지'라는 걱정을 했습니다. 어린 시절 사람들로부터 거절당한 기억이 남아 있어 어른이 되어서도 사람을 두려워하는 마음이 있었던 것입니다. 그래서 거절당하지 않기 위해 남보다 더 피나는 노력을 했고 잘해야 된다는 강박관념이 있었습니다. 그러나 제 걱정과는 달리 정말 신기할 정도로 모두들 저를 전문가로서 대해주었고, 디자이너로서 존중해주었습니다.

그런데 2006년에 다니던 회사 관리부로부터 장애인 등록을 하라는 통보를 받았습니다. 장애인을 고용하면 회사뿐 아니라 저에게도 여러 가지 혜택이 있다는 것이었습니다. 제가 장애인에 포함되는지 그때 처음 알았습니다. 직장생활 하는데 불편한 점도 없었고, 그때까지도 스스로 장애인이라는 사실을 받아들이지 못했기에 그냥 외면하고 싶었습니다.

무엇보다 정식으로 장애인으로 등록하면 정말 장애인이 되는 것 같아서 싫었습니다. 관리부에서 자꾸 부탁을 해서 동사무소와 성형외과에 가서 제가 장애 몇 급에 해당되는지 알아보았습니다. 성형외과에서는 얼굴의 80퍼센트 이상(以上) 화상이면 장애 3급에 해당된다면서 진단서를 발급해주었습니다. 그날은 제가 처음으로 장애인임을 인정하게 된 날이었습니다.

그때까지만 해도 저는 열등감도 심했고, 장애인이라는 사실을 애써 외면하고 지냈습니다. 장애인 복지카드를 발급받고 나니 '내가 장애인이구나' 라는 생각에 서글픔이 밀려왔습니다.

그 일을 계기로 관리부 직원으로부터 차를 사면 여러 가지 혜택이 있으니 운전을 하는 게 어떻겠냐는 말을 들었습니다. 저는 엄마가 교통사고로 돌아가시면서 운전에 대한 두려움이 있었습니다. 사고가 날까봐 두려워서 엄두도 못 내고 있었습니다. 그러나 앞으로 사업을 하려면 어차피 운전을 해야겠다는 생각이 들었습니다. 저는 장애인 등록을 계기로 차를 샀고, 운전도 배우게 되었습니다. 이제는 주변에 여직원들을 보면 꼭 운전을 배우라고 추천합니다. 운전을 해야 자유롭게 움직이고 활동 영역도 넓어지기 때문입니다.

당시에는 여러 감정이 교차하면서 장애인 등록 자체에 마음이 상했지만 지금은 감사하게 생각합니다. 장애인이라는 사실을 인정하고 받아들이니까 마음도 편안합니다. 게다가 운전까지 할 수 있는 계기가 되었으니 얼마나 감사한지 모릅니다.

최근에 장애로 인해, 직장생활을 하지 못해 힘든 친구를 만났습니다. 저는 친구가 장애 5급에서 오는 좌절감을 이겨내길 바라며, 제 약함을 자랑했습니다.

"내가 급수가 더 높네? 나는 3급이거든."

얼마 전 명문대 법대를 나오고 절에서 사법고시 공부를 하다가 불이 나서 전신(全身) 화상을 입은 사람 이야기를 들었습니다. 그는 장애를 극복하지 못하고 끝내 자살을 했습니다. 저는 그 이야기를 들으면서 마음이 아팠습니다. 그런 분들에게 희망이신 하나님을 전하고 싶습니다. 부족하지만 장애우들에게 희망이 되고 싶습니다. 하나님이 함께하시면 불가능이 없음을 전하고 싶고, 꿈을 심어주고 싶습니다.

저는 이제 장애 3급이 더 이상 부끄럽지 않습니다. 자랑할 것이라곤 나의 가장 약한 부분인 장애 입은 얼굴밖에 없기 때문입니다.

세상에서 가장 낮은 자의 찬송

주가 주시는 기쁨은 세상의 기쁨과 비교할 수 없으며
주가 주시는 눈물은 세상의 눈물과 비교할 수 없습니다.
주가 주시는 노래는 세상의 노래와 비교할 수 없으며
주가 주시는 웃음은 세상의 웃음과 비교할 수 없습니다.

주의 형상이 어찌 그리 아름다운지요.
주의 아름다움 앞에서
주의 완전하심 앞에서
주의 거룩하심 앞에서
시간이 멈춘 듯하고
내 존재가 사라진 듯하오니
주 앞에서 두렵고 떨림뿐이옵니다.

세상의 언어로 어찌 주의 사랑과 은혜를 표현하리요.
만유의 주, 만물의 창조주
사랑의 본체이신 주를 찬양하오니

세상에서 가장 낮은 자의 찬양을 받으소서.
세상에서 가장 작은 자의 칭송을 받으소서.
세상에서 가장 나약한 자의 경배를 받으소서.

나의 온몸과 마음으로 주를 찬양하오니
나를 깨뜨리고
나를 낮추고
나를 버리고
주님만 바라며 주님만 찬양합니다.

주님
부디 나의 부족한 찬양을 받아주소서.
부디 나의 부족한 경배를 받아주소서.

_4

성령님을 만나고
상처가 치유되다

내 안에 너 있다

엄마가 돌아가신 이후 저는 교회에 다시 다니기 시작했고, 많은 은혜를 받았지만 제 안에는 늘 채워지지 않은 갈급함이 있었습니다. 기도하고 꿈꾸던 인테리어 회사의 CEO가 되었음에도 불구하고 이상하게 공허하다는 생각이 들었습니다.

성령충만할 때는 기쁨과 감사가 넘치다가도 충만함이 사라지고 슬픔과 허무함이 밀려오면 드라마 속으로 빠져들기를 반복하는 시간을 보냈습니다. 그런데 어느 순간 이렇게 살면 안 될 것만 같은 생각이 들었습니다. '하나님께서 나에게 원하시는 삶은 무엇일까'에 대한 궁금증과 함께 그동안 주일예배 1시간을 드리는 것만으로 신앙생활을 했던 삶을 회개하면서 하나님이 원하시는 삶이 무엇인지 찾아야겠다는 생각을 했습니다.

그것을 찾기 위해 2008년 1월 1일에 평생 처음으로 신년예배를 드렸습니다. 예배 중에 "그의 나라와 그의 의를 구하라"(마 6:33)라는 말씀이 제 심령에 심겨지면서 '어떻게 하면 이 말씀대로 살 수 있을까' 고민하다가 40일 새벽기도와 저녁 금식기도를 작정하고 드리기 시작했습니다.

몇 년간 무리해서 일하면서 체력이 많이 약해진 상태라 1월의 매서운 추위를 이기며 새벽기도를 드리는 것이 쉽지 않았습니다. 하지만 하나님의 나라와 의를 구하는 삶을 살겠다고 결심했기 때문에, 저는 특유의 목표를 향해 돌진하는 기질을 발휘하여 40일간의 새벽기도를 멈추지 않았습니다. 그 나라를 구하는 삶을 어떻게 살아야 하는지 몰랐기 때문에 무작정 모든 예배를 드리자고 결심했고 수요예배, 금요철야예배까지 드리게 되었습니다. 지난 시간을 되돌아보면 예배를 향한 열심까지 하나님께서 이미 계획하시고 예비하신 일이었습니다.

새벽기도를 위해 교회 문을 열고 들어가면 강대상 옆 대형 스크린에 다음의 말씀이 적혀 있었습니다.

너는 내게 부르짖으라 내가 네게 응답하겠고

네가 알지 못하는 크고 비밀한 일을 네게 보이리라

예레미야서 33:3

이 말씀을 읽을 때면 마치 하나님께서 저를 향해 말씀하시는 것 같은 느낌이 들었습니다. 제가 모르는 크고 비밀한 일이 무엇인지는 모르지만 이끄시는 대로 예배드리고 기도했습니다.

그러던 중 친구의 권유로 손기철 장로님의 《고맙습니다 성령님》을 읽게 되었습니다. 책을 읽으며 제 마음에는 성령님과의 친밀한 교제에 대한 간절한 마음이 생겼습니다. 그래서 2008년 2월 18일, 손꼽아 기다리던 월요말씀치유집회에 참석하기 위해 선한목자교회에 갔습니다. 본당에 들어서자 은혜로운 찬양 소리가 들리며 하나님의 임재하심이 느껴졌습니다.

손기철 장로님의 말씀 선포 또한 이전에는 듣지 못했던 은혜로운 말씀이었습니다. 수천 명의 사람들 속에서 '나도 꼭 성령세례를 받고 싶다'고 생각하고 예배 후 긴 기도줄에 섰습니다. 그날 꼭 안수기도를 받고 싶었으나 줄이 길어 받지 못했습니다.

그 다음 주에 예배에 참석하여 기도를 받기 위해 줄을 서서 기다리는 동안 저는 줄곧 이런 생각이 들었습니다.

'다들 기도 받으며 쓰러지는데 나도 쓰러질까? 나는 어떻게 반응할까?'

차례가 되어 한 사역자가 제 손을 잡자마자 저는 의식을 잃고 쓰러졌습니다. 전기 충격 같은 것이 느껴졌고, 나를 통제할 수 없는 강한 성령님의 임재가 온몸을 감싸왔습니다. 순간 내 안에 잠재해 있던 모든 슬픔이 올라오는 것 같았습니다.

화상 입은 얼굴로 인해 친구들에게 놀림받았던 어린 시절, 그 놀림으로부터 나를 보호해주지 않았던 선생님들에 대한 상처와 어른들로부터 받았던 값싼 동정들, 내 마음속 깊이 숨겨놓았던 아픈 상처와 기억들이 순식간에 터져나오면서 제 울음소리는 점점 커졌습니다.

수많은 사람들이 저를 보고 있다는 생각에 창피하기도 했지만 제 의지로 통제할 수 없었습니다. 저는 그저 성령님께 맡기고 30분 정도 대성통곡을 했습니다. 그러고 나니 제 안에 있는 깊은 슬픔이 떠나간 것 같은 시원한 느낌이 들면서, 아주 선명하고 세미한 음성이 들렸습니다.

"효진아, 사랑한다. 내가 너를 사랑한다. 두려워 말고 놀라지 말거라. 강하고 담대하여라. 내가 세상 끝날까지 너와 함께할 것이다."

처음 들어보는, 그러나 아주 분명한 하나님의 음성에 저는 깜짝 놀랐습니다. 순간 '이게 무슨 소리지?' 하는 의문과 함께 '내 안에 드디어 성령님이 오셨구나'라는 확신이 들었습니다.

말씀치유집회에서의 **강력한 성령님의 임재** 앞에
내 안에 숨겨놓았던 **깊은 상처와 슬픔**이 떠나갔습니다.

그날 운전을 하면서 집으로 돌아오는데 태어나서 처음으로 제 안에 참 평안과 기쁨이 넘쳐남을 느낄 수 있었습니다. 갑자기 세상이 아름답게 보이고 내 마음은 하나님을 향한 뜨거운 사랑으로 가득 차올랐습니다.

그렇게 성령님을 내 안에 모신 다음 날 아침, 저는 다시 태어난 것 같은 기분이 들었습니다. 내 안에 성령님이 계시다고 생각하니 행동도 조심스러워지고, 휴대전화로 친구와 전화하듯 언제든 성령님과 대화할 수 있다는 생각에 흥분되는 마음을 감출 수가 없었습니다. 저는 운전하면서 출근하는 내내 내 안에 계신 성령님으로 인해 설레는 마음으로 성령님의 음성에 귀를 기울였습니다. 그때 또 성령님의 음성이 들렸습니다.

"내 안에 너 있다. 내 안에 너 있다."

'하하하… 성령님, 이 대사는 드라마 〈파리의 연인〉의 명대사인데, 그럼 저는 헤븐(heaven)의 연인인가요? 이제부터 성령님과 저의 연애가 시작된 건가요?'

저는 운전하는 동안 터져나오는 웃음을 멈출 수가 없었습니다. 저를 감싸오는 성령께서 주시는 기쁨은 말로 표현할 수 없을 정도였습니다. 저와 성령님과의 뜨거운 만남과 친밀한 교제는 이렇게 시작되었습니다.

그날에는 내가 아버지 안에, 너희가 내 안에,

내가 너희 안에 있는 것을 너희가 알리라

요한복음 14:20

기도 중에 오신 예수님

이후 저는 매주 월요말씀치유집회에 참석하였고, 손기철 장로님이 직장 CEO들을 위한 '하나님나라 사고방식(kingdom mentality)'을 훈련시키는 'CEO 킹덤빌더스쿨(kingdom-builder school)'에도 등록했습니다. 스쿨의 첫날, 기대와 설렘으로 예배를 드리는데 침묵기도 시간에 예수님이 저를 포근히 안아주시는 영상이 보였습니다.

넓고 포근한 어깨와 어깨까지 내려오는 갈색의 웨이브 머리를 한 예수님의 뒷모습이었습니다. 그런데 저를 향해 고개를 드신 예수님의 얼굴이 화상으로 심하게 일그러져 있었습니다. 전 너무 무섭고 놀랐습니다. 그리고 사단의 장난인줄 알고 대적기도를 하기 시작했습니다.

'사단아, 물러가라!'

그러자 아무것도 보이지 않았습니다.

다음 날 금요철야예배 기도 시간에 또 영상이 보였습니다. 예수님께서 가시가 없는 아름답게 활짝 핀 붉은 장미를 제게 주셨습니다. 그런데 장미를 받아든 제 얼굴은 상처가 없는 깨끗한 얼굴이었습니다. 흰옷을 입은 저는 맨발이었으나 발 어느 한 군데도 상한 곳이 없었습니다. 그리고 제가 걸어온 길이 보였는데, 까만 송곳 같은 것이 촘촘하게 박혀 있는 가시밭길이었습니다. 아득하게 깔려 있는 어둠과 가시뿐인 너무나 끔찍해 보이는 길이었습니다.

다시 예수님의 뒷모습이 눈에 들어왔는데 전날 본 것과 같은 모습이었습니다. 예수님도 저처럼 흰옷을 입고 계셨는데, 발에서는 피가 흐르고 있었습니다. 저는 너무 마음이 아파서 울기 시작했습니다. 그때 예수님의 얼굴이 보였고, 예수님은 제가 다친 얼굴과 손 그대로 화상을 입은 모습이셨습니다. 저는 예수님께서 저를 업고 가시밭길을 걸어오셨고, 저를 대신해 다치셨음을 알 수 있었습니다.

> 그가 찔림은 우리의 허물을 인함이요
> 그가 상함은 우리의 죄악을 인함이라
> 그가 징계를 받음으로 우리가 평화를 누리고
> 그가 채찍에 맞음으로 우리가 나음을 입었도다
>
> 이사야서 53:5

아쉽게도 침묵기도가 끝나면서 영상이 멈췄습니다. 그리고 다음 날 새벽에 일어나자마자 기도하는데 어제 본 영상이 다시 이어졌습니다. 마치 한 편의 영화를 3일에 걸쳐서 나눠보는 것 같았습니다. 제가 앞으로 걸어갈 길이 보였는데 그 길은 순백색의 빛나는 길이었습니다. 예수님이 제 왼손을 잡으셨고, 제 오른손에는 어제 받은 붉은 장미 한 송이가 들려져 있었습니다.

주께서 생명의 길로 내게 보이시리니
주의 앞에는 기쁨이 충만하고
주의 우편에는 영원한 즐거움이 있나이다
시편 16:11

머리에 흰색 장미 화환(花環)을 쓰고 예수님과 함께 걸어가는 제 뒷모습도 보였습니다. 그런데 백옥같이 깨끗한 길 위에 예수님이 걸어가시는 곳마다 피가 묻은 발자국이 보였습니다. 저는 예수님께서 이미 이천 년 전에 십자가에서 모든 피를 흘리셨는데 왜 아직도 피를 흘리시는지 궁금해서 여쭤보았습니다.

"예수님, 왜 아직도 피를 흘리고 계세요? 제 마음이 아파요."

"효진아, 세상을 살아가면서 짓는 크고 작은 모든 죄로부터 너를 깨끗하게 하기 위한 보혈이란다."

저는 이때부터 아침마다 보혈로 나를 깨끗하게 하는 기도를 드리기 시작했습니다. 예수 그리스도의 보혈만이 나를 하나님께로 더 가까이 인도하는 길이기 때문입니다. 그리고 나를 사랑하시는 예수님의 은혜와 사랑 앞에서 눈물을 흘리며 감사의 기도를 드렸습니다.

우리가 그리스도 안에서 그의 은혜의 풍성함을 따라

그의 피로 말미암아 구속 곧 죄 사함을 받았으니

에베소서 1:7

이제는 전에 멀리 있던 너희가 그리스도 예수 안에서

그리스도의 피로 가까와졌느니라

에베소서 2:13

예수님께서 보여주신 영상을 통해 제가 걸어온 길이 결코 쉬운 길이 아니었지만 혼자 걸어온 것이 아니라 예수님께서 저를 업고 오셨음을 알 수 있었고, 예수님께서 나를 대신하여 친히 모든 아픔과 슬픔을 감당하셨음을 깨닫게 되었습니다. 그리고 제 앞에 예수님의 손을 잡고 동행하는 아름답고 빛나는 길이 펼쳐져 있음에 참으로 기쁘고 감사했습니다.

또 하루는 기도 중에 하얀 그네를 타고 있는 예쁜 꼬마를 보았습니다. 저의 어린 시절 모습이었습니다. 그네의 줄은 백장미로 만들어졌고, 좌우에 하얀 비둘기가 줄을 하나씩 입에 물고 있었습니다. 제 등 뒤에서 예수님이 그네를 밀어주고 계셨고, 머리 위에서 성령님(비둘기)이 저를 잡아주시고, 제 앞에서는 하나님께서 환한 미소를 지으시며 기쁨을 이기지 못하시는 표정으로 저를 바라보고 계셨습니다.

> 너의 하나님 여호와가 너의 가운데 계시니
> 그는 구원을 베푸실 전능자시라
> 그가 너로 인하여 기쁨을 이기지 못하여 하시며
> 너를 잠잠히 사랑하시며
> 너로 인하여 즐거이 부르며 기뻐하시리라 하리라
>
> 스바냐서 3:17

역전(逆轉)에 능하신 삼위일체(三位一體) 하나님께서 나의 모든 화(禍)가 변하여 복(福)이 되게 하셨으며, 슬픔과 고통이 변하여 기쁨이 되게 하셨습니다. 이제 제가 할 일은 그네를 탄 꼬마처럼 기뻐하고 또 즐거워하는 것입니다.

어찌 이런 은혜와 사랑을 내게 부어주시는지 다윗왕의 "내 잔이 넘치나이다"(시 23:5)라는 고백이 제 입에서 저절로 나왔습니다. 지금의 제 모습 모두 하나님의 은혜이고, 그분 앞에서 나를 내어드리고 주님께서 내 안에서 그분의 삶을 사실 수 있도록 날마다 나를 십자가에 못 박아야 함을 알게 되었습니다.

혼자라고 생각했던 시간들, 끝나지 않을 것만 같았던 고통스러운 시간들, 차라리 태어나지 않았으면 좋았겠다고 소리쳤던 시간들을 지나왔습니다. 하지만 이제 저는 나를 이 땅에 보내주신 하나님께 감사하며, 창조주이신 그분을 찬송하는 것이 가장 큰 기쁨이 되었습니다.

주께서 나의 슬픔을 변하여 춤이 되게 하시며
나의 베옷을 벗기고 기쁨으로 띠 띠우셨나이다

시편 30:11

미스 헤븐이 되다

성령님을 만나기 전의 모든 것을 초월한 듯 보이는 밝은 제 겉모습은 상처 입은 영혼을 감추기 위한 포장에 불과했습니다. 항상 즐겁게 웃는 가운데에서도 내면 깊은 곳에서는 울고 있을 때가 많았습니다. 여태까지 살아오면서 자살 소동을 제외하고는 가족들이나 친구들 누구에게도 나약한 모습을 보인 적이 없었습니다. 그

건 저의 마지막 자존심이었고, 누구에게도 들키고 싶지 않은 저의 본래 모습이었습니다.

그러나 혼자 있는 시간, 특히 집으로 돌아오는 차 안에서는 억눌려 있던 슬픔, 엄마를 향한 사무치는 그리움으로 눈물을 흘린 적이 많았습니다. 그리고 하나님께 가장 많이 드린 기도 중 하나도 '하나님, 저 좀 빨리 데려가주세요. 너무 힘들어요. 빨리 천국 가서 쉬고 싶어요'였습니다.

그러나 성령님과 친밀한 교제를 나누는 동안 제게는 놀라운 치유와 회복이 있었습니다. 하나님나라가 제게 임하고 성령님이 제 안에 내주(內住)하시면서 저는 천국이 제 마음속에 있음을 알게 되었고, 그 후로 더 이상 빨리 천국에 데려가달라는 기도는 하지 않습니다.

> 오직 너희는 택하신 족속이요 왕 같은 제사장들이요
> 거룩한 나라요 그의 소유된 백성이니
> 이는 너희를 어두운데서 불러 내어
> 그의 기이한 빛에 들어가게 하신 자의
> 아름다운 덕을 선전하게 하려 하심이라
>
> 베드로전서 2:9

세상 속의 크리스천

miss
Heaven

"하나님 영광을 위해서
마음껏 쓰세요"

하나님나라의 홍보대사 '미스 헤븐'이 되어
이 땅에 하나님의 아름다운 덕을 선전하는 삶을 살겠습니다.

_ 《갓피플 매거진》 인터뷰 기사(2009년 5월)

어느 날 기도 중에 성령님께서 이런 제게 새로운 꿈을 심어주셨습니다.

'너는 내 나라의 홍보대사 미스 헤븐(Miss heaven)이 되어 이 땅에 도래한 하나님나라의 증인이 되어라.'

'미스 헤븐'은 하나님께서 불러주신 별명이라 그런지 마음에 들었습니다. 비록 이 땅에서의 미인의 기준에는 들지 못하지만, 미스코리아보다 더 명예롭고 영광스러운 하나님나라의 홍보대사라는 생각을 하니 무척 기뻤습니다. 이 땅에 하나님나라의 증인이 되어 하나님의 아름다운 덕을 선전하는 삶을 살 수만 있다면, 그 나라를 위해 내 목숨을 바쳐서 일해야겠다는 생각에 심장이 뜨거워지고 설레는 마음을 주체할 수 없었습니다.

미스코리아가 되기 위해서 인터뷰, 워킹, 다이어트 등 고된 훈련을 받듯이, 하나님께서는 저를 사람들 앞에 세우기 전에 제 마음속에 있는 쓰레기들을 청소하기 시작하셨습니다.

하나님은 당신의 사랑이 흘러오는 길목을 막고 있는 어린 시절의 열등감과 사람들로부터 받은 상처를 치유하시기 위해 1년 동안 저를 말씀치유집회로 인도하셨습니다. 그리고 내적치유스쿨을 통해 빠른 속도로 제 아픔의 시간과 장소로 찾아오셔서 친히 저를 위로하시고 격려하시며 사랑을 부어주셨습니다. 또 날마다 '어여쁘구나 아름답구나…' 하시며 저를 위로하시고, 사랑한다고 말씀하시니 열등감과 슬픔에 사로잡혀 있던 제가 이제는 공주병에 걸리지나 않을까 걱정될 정도입니다. 요즘은 가끔 거울을 보면서 나름대로 '예쁘다'라는 생각을 하기도 합니다.

그렇게 저를 고치신 하나님께서 세운 첫 무대가 CBS 〈새롭게 하소서〉라는 프로그램이었고, " '미스 헤븐'이라고 불러주세요"라는 제목으로 방송에 출연하게 되었습니다.

앞으로 저는 하나님이 보시기에 가장 아름다운 여인, 미스 헤븐이 되기 위해 하나님나라를 홍보하는 삶을 살 것입니다. 하나님이 보내시는 곳은 어디든지 갈 것이며, 그 나라를 위해 내 생명 다하는 날까지 주님과 함께 달려갈 것입니다. 이 세상에서는 버림받은 자였고 천덕꾸러기였지만 하나님나라에서는 하나님이 사랑하시고 기뻐하시는 자녀이고, 왕 같은 제사장이요, 하나님의 소유된 백성이고, 거룩한 나라이기 때문입니다.

하나님은 기도할 때마다 저를 사랑하신다고 말씀하십니다.

'효진아, 내가 너를 태초부터 사랑하였고, 만세 전부터 너를 알았고, 너를 기다렸단다.'

제가 이해가 안 가서 하나님께 질문을 했습니다.

'저를 태초부터 짝사랑하셨으면 왜 이제 태어나게 하셨어요? 구약시대에 태어났으면 좀 더 일찍 만날 수 있잖아요?'

'효진아, 원래 스타는 마지막에 등장하지 않니?'

'하하하!'

성령님께서 '내 안에 너 있다' 이후 두 번째로 저를 웃게 만드셨습니다. 저는 지금도 그때의 말씀을 생각하며 배꼽을 잡고 웃곤 합니다. 이처럼 성령님은 저에게 기쁨을 주시기 위해서 개그도 해주십니다. 저는 마지막 때에 주의 영을 부어주시는 시대에 태어난 것이 참 감사합니다.

저는 하나님나라에 들어왔고, 앞으로 하나님나라의 증인의 삶을 살고 싶습니다. '사랑받기 위해 태어난 사람'에서 '하나님의 사랑을 나누어주기 위해 태어난 사람'이 되고 싶습니다. 어두운 세상에서 밤하늘의 별과 같이 빛나는 하나님나라의 스타가 되는 것이 하나님께서 제 마음에 심어주신 또 하나의 꿈입니다.

이제 제가 할 일은 매니저이신 성령님이 이끄시고 인도하시는 대로 순종함으로 나아가 이 땅에서 천국을 이루는 삶을 사는 것입니다. 내 멋대로, 내가 하고 싶은 대로 하면 내 인생의 연출자이신 하나님께서 기뻐하지 않으실 것입니다.

예수 그리스도의 영이신 성령님께 100퍼센트 순복함으로 하늘의 뜻을 이 땅에 이루는 하나님나라의 스타, 제 표현대로 하면 '헤븐리 엔터테인먼트의 톱스타'가 되는 것이 저의 또 하나의 꿈입니다.

세상은 얼짱을 자랑하지만
나는 3도 화상 입은 얼굴을 자랑합니다!

_ CBS 〈새롭게 하소서〉 출연 기념(2009년 2월)

지혜 있는 자는 궁창의 빛과 같이 빛날 것이요

많은 사람을 옳은 데로 돌아오게 한 자는

별과 같이 영원토록 비취리라

다니엘서 12:3

나의 전부이신 성령님

성령님은 제 삶의 전부이십니다. 여러 모습으로 저와 늘 함께 하시는 그분을 소개하고 싶습니다.

첫째로 성령님은 저의 주치의(主治醫)이십니다. 저의 모든 아픔의 순간들을 기억나게 하시고, 그곳에 예수님의 보혈을 발라주시고, 하나님의 사랑을 부어주셨습니다. 수치심과 소외감에서 해방시켜주셨고, 제게 위로와 격려를 주셨습니다. 세상의 의사는 절대 치유할 수 없는 영혼을 치유하셨고, 세상이 줄 수 없는 기쁨과 평안을 주셨습니다. 의사는 오히려 저에게 상처를 주고, 죽음으로 몰아넣었지만 성령님은 그 모든 상처를 말끔히 치유하시고 제 영혼을 소생시키셨습니다.

둘째로 성령님은 저의 성경공부 선생님이십니다. 부족하고 지혜도 없는 저에게 이것저것 가르쳐주시고 못해도 야단치거나 혼내지 않으십니다. 진리의 영이신 성령님이 이해되지 않았던 말씀의 뜻을 풀어주시니 억지로 읽었던 성경이 이제는 달콤하고 맛

있습니다. 가끔은 하루 종일 성경책만 읽고 싶을 때도 있습니다. 그래서 사무실 제 책상 위에는 늘 성경책이 펼쳐져 있습니다. 일하다가 언제든 읽을 수 있게 하기 위해서입니다.

셋째로 성령님은 저의 매니저(manager)이십니다. 철저하게 저의 시간을 관리하십니다. 제가 시간을 관리할 때는 너무 피곤했습니다. 그런데 모든 걸 맡겨드리니 일할 때는 열심히 일하게 하시고, 쉴 때는 푹 쉬게 하시고, 섬길 때는 열정적으로 섬길 수 있도록 해주십니다. 일이 겹쳐서 꼬이거나 하지도 않습니다. 성령님께 시간 관리를 맡기고부터 다이어리를 보면서 미리 계획을 세우지도 않습니다. 성령님의 일을 제가 뺏으면 서운해하실 것 같아서 그냥 맡겨버립니다. 저는 그저 감사하며 기도할 뿐입니다.

'성령님, 일하시옵소서. 저는 성령님이 주시는 일을 하면서 기뻐하고 즐거워하겠습니다.'

넷째로 성령님은 저의 친구이십니다. 늘 위로와 격려와 사랑을 주시고, 강하고 담대하라고 말씀하시며 용기를 주십니다. 제 모든 고민을 들어주고 해결해주시며 1초도 저를 떠나지 않으십니다. 때로 재미있는 유머로 저를 웃게 만드시니 혼자 있을 때도 심심하지 않고, 성령님과 대화하다보면 시간이 금방 지나갑니다. 예전 같으면 약속이 연기(延期)되거나 기다려야 할 때면 황금 같은 시간을 버린다는 생각에 짜증이 났는데 이제는 그렇지 않습니다.

대신 조용히 눈을 감고 성령님과 대화합니다. 언제든지 제가 부르면 대답하시는 성령님은 나의 가장 친한 친구이십니다.

다섯째로 성령님은 저의 코디네이터(coordinator)이십니다. 직업병인지 저는 매사에 디자인을 중요시합니다. 무엇을 하나 사더라도 그냥 살 수가 없습니다. 특히 옷 사러 가는 것은 저에게 기쁨보다는 노동으로 느껴질 때가 많았습니다. 디자인 중심으로 옷을 사기 때문에 이것저것 마음에 들 때까지 입어보는 일이 참 피곤했습니다. 그럴 때면 '연예인들은 코디네이터가 있어서 옷 사러 가지 않아도 되니 참 좋겠다'는 생각을 하곤 했습니다. 그런데 성령님이 제 안에 오시자 저는 성령님과 함께 옷을 사러 가야겠다는 생각이 들었습니다.

'성령님, 제가 옷 살 때 도와주세요. 마음에 드는 옷을 빠른 시간에 고를 수 있도록 해주세요.'

'나와 함께 가자.'

저는 기대되는 마음으로 성령님과 함께 옷을 사러 갔습니다. 백화점 2층을 둘러보고 있는데, 3층으로 가라는 마음을 주셔서 저는 3층으로 갔습니다. 그곳을 둘러보다가 예쁜 원피스가 시선을 끌었고, 저는 보자마자 '바로 이 옷이다'라는 생각이 들었습니다.

계산을 하려고 하는데 점장님의 십자가 목걸이가 눈에 띄었습니다.

"교회 다니세요?"

점장님은 집사님이셨고, 하나님께서 주신 사업장이라면서 환하게 웃으시는 겁니다. 아침에 기도하면서 손님 많이 보내주시겠다는 응답을 받았다면서 기쁜 표정으로 손님을 맞이하고 계셨습니다. 저는 그 대답에 더 기뻐서 대답했습니다.

"하하, 하나님께서 저를 이곳에 보내셨네요. 저도 기뻐요."

이렇게 성령께서는 저의 아주 사소한 일들에까지 관심이 많으시고, 제가 도움의 손길을 내밀 때 거절하지 않으시는 좋은 분입니다. 그 원피스는 보는 사람마다 예쁘다고 하는데 그럴 때면 저는 꼭 이렇게 대답합니다.

"성령님이 골라주신 옷이에요."

여섯 번째로 성령님은 저의 대변인(代辯人)이십니다. 저는 대중 앞에 서는 것을 매우 꺼리는 성격입니다. 대학원 다닐 때 학생들 앞에서 발표할 일이 많았는데, 저는 실수하지 않기 위해 밤을 새서 준비하곤 했습니다. 열등감을 가리기 위해서라도 남보다 더 잘해야 된다는 생각이 있었기 때문입니다. 직장생활을 하면서 발표할 일이 더 많아졌고, 그럴 때마다 스트레스를 많이 받았습니다.

그러나 이제는 성령님이 오셔서 제 입에 할 말을 주십니다. 기도로 준비하고 성령충만하면 담대함과 용기가 생깁니다. 저는 디자인 발표에 앞서 기름부으심이 넘치는 프레젠테이션을 하게 해달라고 기도하고, 내 입술에 권세와 권능을 달라고 기도합니다.

또한 부족한 저의 간증과 글을 통하여 제가 높아지고 드러나는 것이 아니라, 하나님나라 백성 모두가 제가 만난 성령님을 만나 그 나라의 삶이 무엇인지 깨닫고 누릴 수 있기를 간절히 기도합니다. 생수의 강이 흘러넘치는 기쁨이 무엇인지, 항상 기뻐하며 쉬지 않고 기도하며 범사에 감사한 삶을 누릴 수 있게 해주신 성령님이 저는 정말 좋습니다. 성령님은 이제 저의 전부이십니다.

성령님과 24시간 동행하기

업무상 회의를 하다보면 간혹 최근의 이슈들을 이야기할 때가 있습니다. 특히 연예인이나 정치인 이야기를 많이 합니다. 저는 그럴 때마다 난감해집니다. 대화에 낄 수도 없고, 웃을 수도 없습니다. 세상 돌아가는 이야기를 전혀 모르니 사람들이 묻습니다.

"어느 별에서 왔니?"

"하하… 저는 예수별에서 왔는데요."

저는 가십(gossip)은 모르지만 지상 최고의 뉴스인 복음(gospel)은 알고 있습니다. 또한 하나님나라 백성이라는 신분이 가장 자랑스럽습니다.

언제부터인가 회사를 방문한 영업사원들과 이야기하면서 '저 사람도 하나님나라 백성일까?'라는 궁금증이 생겼습니다. 그러다가 크리스천인 것을 아는 순간 저의 수다는 시작됩니다. 제가 만난 성령님을 전하고 그 은혜를 함께 누리고 싶은 마음에 손기철 장로님의 저서 《고맙습니다 성령님》, 《왕의 기도》, 《기름부으심》, 《기적을 일으키는 믿음》을 아예 책상에 비치해두었다가 필요한 사람들에게 선물로 줍니다.

그렇게 선물 받은 책들을 읽고 나서 기도하던 중에 방언 찬양을 받았다는 분도 있고, 왕의 기도로 선포할 때 병 고침을 받았다는 분도 있습니다. 성령님에 대해 잘 몰랐던 사람들도 성령님과 동행하는 삶이 어떤 것인지 알게 되는 것이 저는 정말 기쁩니다.

이렇다보니 회사에 일하러 오는 게 아니라 성령님과 함께 놀러 다니는 기분입니다. 출근할 때도 제 옆자리에 앉아 계시고, 일할 때도 항상 저와 함께하시니 일하는 것은 더 이상 노동이 아니라 예수님과 함께하는 즐거운 시간입니다. 나에게 능력주시는 자 안에서 주의 손과 발이 되어 일한다는 것은 경험해보지 않은 사람은 알 수 없는 기쁨입니다.

아침에 출근을 하면서도 성령님과 대화하면서 운전을 합니다. 그럴 때 밖으로 보이는 나무들과 꽃들이 저와 함께 주님을 찬양하고 있는 느낌이 듭니다. 흔들리는 나무들은 나를 향해 반갑게 인사하는 것 같고, 꽃들의 향기가 예수님의 향기처럼 느껴집니다. 하나님이 창조하신 우주의 모든 것이 아름답습니다. 차가 막혀도 짜증나지 않고 모든 근심과 걱정이 다 떠나고 주를 향한 감사와 찬양만이 흘러넘칩니다.

저는 지하철 타는 것을 별로 좋아하지 않습니다. 지하철에서는 유난히 사람들이 많이 쳐다보기 때문입니다. 운전을 하면서부터 저는 지하철을 타지 않았습니다. 고유가 시대에 대중교통을 이용해야 하지만 저에게 지하철은 아픈 기억을 떠올리게 하는 장소입니다. 저는 말로 상처주진 않아도 사람들의 눈빛과 시선에서 멸시와 조롱을 읽을 때면 몹시 우울해지곤 했습니다.

그러나 이제는 아무렇지도 않게 지하철을 탈 수 있을 것 같습니다. 얼굴도 그대로이고 아무것도 변한 건 없지만 제 안에 오신 예수님으로 인해 저는 당당하게 사람들 앞에서 고개를 들고 다닐 수 있습니다.

예수님께서 이미 제 대신 모든 고통을 당하셨고, 멸시와 천대를 당하셨으므로 제가 감당할 것은 아무것도 없습니다. 제가 또다시 고통과 슬픔 가운데 들어가는 것은 예수님을 다시 십자가에 못 박는 일입니다. 지금 예수님이 제게 원하시는 것은 온전히 주 안에서 기뻐하고 즐거워하는 것뿐임을 믿습니다.

주 안에서 항상 기뻐하라 내가 다시 말하노니 기뻐하라

빌립보서 4:4

저는 성령님을 만나고 나서 '사랑한다'라는 말을 셀 수 없을 만큼 많이 들었습니다. 그 말씀을 들을 때면 어느새 또 눈물이 흐릅니다. 하나님의 사랑과 은혜에 감격하고 감사해서 하루에 백 번도 넘게 '감사합니다'라고 고백합니다. 생각하면 할수록 감사밖에 드릴 것이 없기 때문입니다.

그리고 하나님께서 주신 "마음을 다하고 목숨을 다하고 뜻을 다하여 주 너의 하나님을 사랑하라"(마 22:37) 하신 말씀을 지키는 것도 성령님을 만나면서부터 가능해졌습니다. 그 전에는 내 힘으로 사랑하려 했기에 불가능했습니다. 예배드리고 은혜받을 때면 눈물을 흘리면서 하나님을 사랑한다고 고백하지만, 예배가 끝나고 집으로 돌아오면 이상하게 공허하고 허전했습니다.

온전히 하나님을 사랑하기에는 눈앞의 문제와 현실이 너무나 심각하게 생각되었습니다. 하나님을 사랑하긴 했지만 반쪽짜리 사랑이었습니다. 하지만 성령님을 만나면서 제 삶은 변하기 시작했고, 목숨을 다해 하나님을 사랑하라는 말씀이 마음 깊이 새겨지면서 제 의지가 아닌 성령님의 도우심으로 하나님을 마음과 뜻과 힘을 다해 사랑하게 되었습니다.

제가 24시간 하는 모든 일이 하나님을 위한 것입니다. 밥을 먹는 것도 하나님이 거하시는 성전(聖殿)인 몸을 위해, 열심히 일하는 것도 하나님께서 주신 재능으로 하나님을 영화롭게 하기 위해,

열심히 공부하는 이유도 하나님께 쓰임받기 위해, 가르치는 것도 하나님을 위해 하게 되었습니다.

하나님과 하나님나라의 도래가 제가 하는 모든 일의 목적과 이유이고, 제가 살아가는 이유가 되었습니다. 제 힘으로 사랑하는 것도 아니고 제가 먼저 하나님을 사랑한 것도 아닙니다. 먼저 저를 사랑하신 하나님께서 예수님의 십자가 사랑을 통해 제 안에 오시면서 자연스럽게 생긴 하나님을 향한 사랑입니다.

> 사랑은 여기 있으니 우리가 하나님을 사랑한 것이 아니요
> 오직 하나님이 우리를 사랑하사 우리 죄를 위하여
> 화목제로 그 아들을 보내셨음이니라
>
> 요한일서 4:10

하나님에 대한 오해가 풀리다

저는 2008년 1월 1일에 '과연 하나님의 나라와 의를 구하는 삶이 무엇일까?'라는 의문을 가지고 그 삶을 살아야겠다고 결심하고 여기까지 왔습니다. 그리고 하나님께서 하나님나라의 삶이 무엇인지, 하나님의 은혜를 누리는 삶이 무엇인지 배울 수 있도록 제 발걸음을 인도하셨습니다.

그것은 생각보다 단순하고 쉬웠습니다. 하나님 아버지와 자녀

로서의 친밀한 관계를 회복하고 그분을 알아가는 삶, 그분의 뜻을 이 땅에 이루는 삶, 그분의 창조성과 성품을 나타내는 삶, 나는 날마다 죽고 예수 그리스도께서 나를 통해 드러나는 삶이 곧 하나님 나라의 삶이었습니다.

> 내가 그리스도와 함께 십자가에 못 박혔나니
> 그런즉 이제는 내가 산 것이 아니요
> 오직 내 안에 그리스도께서 사신 것이라
> 이제 내가 육체 가운데 사는 것은 나를 사랑하사
> 나를 위하여 자기 몸을 버리신 하나님의 아들을 믿는
> 믿음 안에서 사는 것이라
>
> 갈라디아서 2:20

하나님을 잘 안다고 생각했는데, 성령님이 제 안에 오시고 나서야 하나님에 대해 제대로 알게 되었습니다. 저는 그동안 하나님에 대해 많은 오해를 하고 있었습니다. 구약의 무서운 하나님, 죄를 지으면 벌주시는 하나님, 모든 율법을 다 지켜야만 좋아하시는 하나님으로 말입니다. 율법주의에 얽매여 자유롭지 못했습니다. 그러나 율법을 다 지켜 하나님 앞에서 의로워지려고 하는 행동이 예수님의 십자가 죽음을 헛되게 하는(갈 2:21 참조) 행동임을 깨달

았습니다. 뿐만 아니라 율법 아래 있는 것이 곧 저주이고, 아무도 율법으로 의롭게 되지 못한다는 사실과 오직 의인은 믿음으로 산다는 놀라운 진리를 깨달았습니다.

무릇 율법 행위에 속한 자들은 저주 아래 있나니
기록된 바 누구든지 율법 책에 기록된 대로 온갖 일을
항상 행하지 아니하는 자는 저주 아래 있는 자라 하였음이라
또 하나님 앞에서 아무나 율법으로 말미암아
의롭게 되지 못할 것이 분명하니
이는 의인이 믿음으로 살리라 하였음이니라

갈라디아서 3:10,11

그리고 저 자신이 어떤 존재인지도 잘 몰랐습니다. 저는 제가 세상에서 제일 못난 사람인 줄로만 알았습니다. 늘 스스로를 정죄하고 자책하며 낮은 자존감과 열등감 속에서 허덕이고 있었습니다. 지금은 그런 시간들이 조금 억울하기도 합니다. 내가 하나님의 존귀한 자녀라는 사실뿐만 아니라 왕 같은 제사장이요, 거룩한 나라라는 사실을 깨닫고부터 낮은 자존감은 순식간에 떠나갔습니다.

외모 지상주의를 넘어서

우리나라는 성형(成形) 천국이라 불리울 정도로 유난히 외모에 관심이 많습니다. 외모에 대한 자신감이 아시아권에서 가장 낮은 나라입니다. 결국 외모 콤플렉스와 낮은 자존감은 우울증을 불러일으키고 자살도 급격히 증가하게 했습니다. 다이어트 열풍도 마찬가지입니다. 날씬한 사람들도 대부분 다이어트를 해야 한다고 느낍니다.

사회가 만들어놓은 아름다움의 기준이 여성들을 피곤하고 힘들게 만들었습니다. 저도 전에는 TV를 볼 때마다 '나는 앞으로 어떻게 살아야 하나. 과연 희망이 있을까? 정상적인 사람들도 취업이 안 되는데 내가 과연 직장생활이나 할 수 있을까?'라는 생각을 참 많이 했습니다. 그래서인지 어려서부터 TV보는 걸 별로 좋아하지 않았습니다. 예쁜 연예인들을 바라보는 것은 저를 더 비참하게 만들었습니다. TV보는 것 대신 제가 선택한 것은 책을 읽는 것이었습니다.

외모에 자신이 없었기 때문에 지성과 교양이라도 갖추어야겠다는 생각을 하게 된 것입니다. 친구들이 가요와 팝송을 들을 때 저는 클래식 음악을 듣고, 고전을 읽으며, 스무 살에 성형수술을 하고 예뻐진 나를 만나기 위해 최선을 다했습니다. 그때 저의 꿈은 '지성과 교양을 갖춘 멋진 여성'이었습니다. 훗날 수술의 꿈이 무너지면서 나의 이러한 노력이 모두 물거품이 되었다고 생각했기 때문에 자살할 결심을 했던 것 같습니다.

사고가 난 세 살부터 지금까지 제 외모에는 아무런 변화가 없습니다. 그러나 저는 성령님을 만나면서부터 외모에 대해 콤플렉스가 없어졌고 자존감도 높아졌습니다. 내가 왕이신 하나님의 딸이며, 하나님 앞에서 눈에 넣어도 아프지 않은 사랑하는 자녀라는 사실을 가슴 깊이 깨닫고 나자 비로소 외모 열등감에서 벗어나게 되었습니다.

> 너희는 다시 무서워하는 종의 영을 받지 아니하였고
> 양자의 영을 받았으므로 아바 아버지라 부르짖느니라
> 성령이 친히 우리 영으로 더불어
> 우리가 하나님의 자녀인 것을 증거하시나니
> 로마서 8:15,16

하나님은 외모를 보지 않으시는 분입니다. 하나님은 늘 제 외모에 대해 위로하시고 격려해주시는 분이십니다.

제가 초등학교 시절 아이들에게 가장 많이 들은 말이 "얼굴이 왜 그래?" "아이 징그러워" "괴물같아"였습니다. 저도 부인할 수 없는 말들이었고, 제 얼굴이 왜 이렇게 되야만 했는지 알 수 없었

'나는 **왜** 이럴까? 나는 왜 다를까?'
이 깊은 상처의 **쓴뿌리**가 **뽑혔습니다**.

습니다. 거울을 보고 스스로 놀란 적도 많았습니다.

'나는 왜 이럴까? 나는 왜 다를까?'

그러나 하나님은 내 안에 있는 상처들을 모두 거두어가셨습니다. 1년 동안 속성반으로 내적치유를 받게 하셨고, 마침내 깊이 뿌리 박힌 쓴뿌리를 뽑아내셨습니다. 그리고 제 안에 하나님의 사랑을 부어주시고 늘 어여쁘다고 말씀해주십니다.

"내 사랑하는 자, 내 어여쁜 딸아, 어여쁘구나. 부끄러워하지 말거라. 사람들 앞에서 더욱 당당하거라."

왕의 자녀가 되다

초등학교 시절, 제 이름 때문에 슬펐던 기억이 있습니다. 사촌들까지 모두 '희'자 돌림으로 오빠는 희준, 언니는 희옥, 동생은 희승인데, 저만 '효진'이라서 얼굴도 나만 다른데 이름까지 다르니 소외감이 들어 너무 속상했습니다.

간혹 어른들이 장난으로 다리 밑에서 주워왔다는 농담을 하시곤 했는데, 그 말을 듣고는 부모님께 "나, 정말로 주워왔어?"라고 묻기도 했습니다. 그 말에 아빠는 속이 많이 상하셨는지 저를 무릎에 앉혀놓으시고는 "효진아, 너는 주워온 아이가 아니고 정말 아빠 딸이야"라고 말씀하시면서 눈물을 글썽이셨습니다.

저는 그때 아빠의 슬퍼하시는 모습을 보며 다시는 괜한 투정으로 부모님 마음을 아프게 하지 말아야겠다는 생각을 했습니다. 제가 잘못해도 야단 대신 사랑으로 감싸주시고 제 앞에서 늘 죄인처럼 사신 부모님만 생각하면 저는 마음이 아팠습니다.

소외감을 느끼게 했던 제 이름, 효진은 '효도 효(孝)'와 '보배 진(珍)' 자를 쓰는데 지금은 제 이름에 대해 자부심과 긍지를 느끼고 있습니다. 왜냐하면 하나님께서 특별히 지어주신 이름이라고 생각하기 때문입니다. '하나님께 효도하는 보배로운 딸'이라는 의미로 지으셨겠지 생각하니까 세상에서 제일 멋진 이름이 되었습니다.

전에는 네가 버림을 입으며 미움을 당하였으므로
네게로 지나는 자가 없었으나
이제는 내가 너로 영영한 아름다움과 대대의 기쁨이 되게 하리니
이사야서 60:15

하나님께서 저를 사랑한다는 사실은 이성적으로는 너무나 잘 알고 있었습니다. 성경을 보아도 하나님이 저를 사랑하신다는 말씀은 세다가 지칠 정도로 많았습니다.

그러나 성령님께서 친히 '효진아, 사랑한다'라고 말씀하실 때의 사랑한다는 말은 성경에서 읽을 때와는 다른 차원이었습니다. 그 말씀 한 번에 모든 슬픔이 순식간에 사라졌고, 저의 자아 정체

성이 변했습니다. 저는 왕이신 하나님의 딸이고, 제 신분은 왕족(王族)이라는 사실에 자존감이 높아지기 시작했습니다.

'나는 정말 존귀한 사람이고, 세상의 눈으로 볼 때는 아름답지 않지만, 하나님의 거룩함과 아름다움이 나와 늘 함께하니 나는 아름다운 사람이다.'

그리고 제 안에 오신 성령께서는 저를 누구보다 당당하게, 누구 앞에서도 기죽지 않고 부끄럽지 않게 만들어주셨습니다. 저는 이제 제 얼굴 때문에 속상하거나 슬프지 않습니다. 가끔 주변에서 "아까운 얼굴인데…"라는 말을 듣습니다. 예전에는 그 말을 듣는 것만으로 속이 상했는데, 이제는 웃으면서 말합니다.

"제가 생각해도 좀 아깝긴 해요. 하하!"

제가 사람들로부터 상처받지 않을 수 있는 이유는 하나님 한 분 외에는 두려워할 대상(對象)이 없기 때문입니다.

내적치유스쿨의 첫날, 태중(胎中)에서의 거절감이 수치심을 가져온다는 말씀을 들으며 어린 시절 엄마로부터 들은 말씀이 생각났습니다. 이미 아들, 딸이 있는 아빠는 둘만 낳아서 잘 키우자는 생각이셨고, 엄마는 아들을 한 명 더 낳고 싶으셨다고 합니다. 그러다 저를 임신했고, 아빠의 반대로 낙태수술을 하기 위해 병원 입구까지 세 번이나 갔다가 돌아오셨다고 합니다.

영적 시간 여행 중에 저는 엄마 배 속에 있는 저를 만났고, 두

러움과 공포에 떨고 있는 태아의 감정이 느껴져서 울기 시작했습니다. 세상에 나가기를 두려워하고 무서워하는 감정이 느껴졌습니다. 저는 그때 의식 깊은 곳에서 태아 때부터 버림받는 것에 대한 두려움이 있었던 것을 처음으로 알게 되었습니다.

그리고 성령님의 깊은 임재 속에서 하나님 품속에 있는 아기를 보았습니다. 탯줄이 그대로 있었고 아주 귀엽고 사랑스러운 태아였습니다. 그때 하나님께서 말씀해주셨습니다.

'아가야, 태초부터 너를 사랑하였고, 너의 형질이 생기기 전부터 이미 택하였고, 태아 때부터 너를 지키고 보호하였단다.'

내적치유를 통해 두려움이 떠나가는 느낌이 들었고, 만세 전부터 나를 아시고 사랑하셔서 엄마 배 속에서부터 내 생명을 지키시고 보호하신 하나님의 깊은 사랑을 깨닫게 되었습니다.

내 형질이 이루기 전에 주의 눈이 보셨으며
나를 위하여 정한 날이 하나도 되기 전에
주의 책에 다 기록이 되었나이다

시편 139:16

내가 모태에서부터 주의 붙드신 바 되었으며
내 어미 배에서 주의 취하여 내신 바 되었사오니

"아까운 얼굴인데…"
"제가 생각해도 좀 아깝긴 해요. 하하!"

나는 항상 주를 찬송하리이다

시편 71:6

예수님께서 기도 중에 오신 모든 모습들은 제 마음의 아픔을 치유할 수 있는 유일한 치료제였습니다. 세상의 어떤 말도 저를 위로할 수 없었지만, 예수님의 사랑과 예수님의 눈물이 제 상처를 어루만지고 치료하셨습니다.

긍휼의 마음

성령님을 만나기 전 저는 겉으로 볼 때는 열심히 일하고 주일 예배도 빠지지 않는 모범적인 크리스천이었습니다. 하지만 제 마음에는 늘 영적전쟁이 있었습니다. 속사람과 겉사람의 전쟁은 정말 치열했습니다.

날마다 죄 짓고 밤에 또 회개하고, 아침이면 '오늘은 절대로 누구도 판단하지도 말고 미워하지도 말아야지' 하면서 어느새 또 판단하고 정죄하기를 반복했습니다. 회사 일 때문에 육체적으로 피곤했고 영적으로도 너무 힘들었습니다.

그러나 보혜사 성령님이 제 안에 오시자마자 저는 이 모든 피곤함과 죄책감으로부터 해방되었습니다.

그러므로 이제 그리스도 예수 안에 있는 자에게는

결코 정죄함이 없나니 이는 그리스도 예수 안에 있는

생명의 성령의 법이 죄와 사망의 법에서 너를 해방하였음이라

로마서 8:1,2

제게 부어주시는 하나님의 사랑이 제 눈을 변화시켰습니다. 더 이상 세상의 시각으로 사람을 바라보지 않게 되었고, 사람들의 단점 대신 장점이 보이기 시작했습니다. 모든 사람들이 사랑스럽게 보였습니다. 그러면서 저는 머리부터 발끝까지 하나님의 의(義)의 병기(兵器)가 되어 하나님나라를 위해 싸우는 용사가 되고 싶은 열망이 생겼습니다.

'제 눈이 하나님의 눈이 되고, 제 귀가 하나님의 말씀에 귀 기울이는 귀가 되고, 제 입술이 하나님을 찬양하고 감사하는 입술이 되고, 제 발이 그리스도를 전하는 발이 되고, 제 손이 그리스도의 사랑을 전하는 손이 되게 해주세요.'

이렇게 기도를 드리면서부터 제 마음에서 죄책감은 멀리 떠나가고 하나님을 향한 사랑이 가득해지기 시작했습니다.

죄책감과 함께 마음에 가시처럼 남아 있는 것이 바로 용서하지 못하는 마음이었습니다. 제가 가장 용서하기 힘든 사람들은 의사들이었습니다. 화상을 처음 입었을 때 치료도 하지 않은 채 방

치했던 무책임한 의사, 저를 자신들의 실험 대상으로 이용한 의사들을 제 힘으로 용서하는 것은 불가능했습니다. 저는 최근까지만 해도 의사를 좋아하지 않았습니다. 성형수술로 조금은 나아질 수도 있었겠지만 저는 더 이상 의사의 손에 저를 맡기고 싶지 않았습니다.

특히 중학교 때 받은 수술은 끔찍했습니다. 3시간 걸린다던 수술이 12시간이 걸렸고, 너무 고통스러웠습니다. 수술실 안에서 무슨 일이 있었는지 알 수는 없지만 수술 이후에 상태가 더 끔찍했습니다. 저는 그 기억을 떠올릴 때마다 분노했습니다. 그러나 하나님은 제가 그 의사들을 용서하기를 원하셨습니다.

'용서해주어라. 내가 네 죄를 용서함같이 그들의 죄를 용서해주어라.'

저는 그동안 용서하지 못했던 죄를 회개하면서 의사들을 용서했습니다. 그리고 그 기억으로부터 자유함을 얻었습니다. 오히려 의사들이 너무 불쌍하게 여겨졌습니다. 순간의 실수도 용납되지 않는, 사람의 생명을 다루는 직업이기 때문에 스트레스의 정도가 얼마나 클까 하는 생각이 들었습니다. 힘들게 공부해서 늘 피와 죽음을 보며 일하는 그들을 긍휼히 여기는 마음이 생겼습니다.

또한 누구보다도 의사들이 복음을 알아야 한다고 생각했습니다. 무심코 내뱉은 의사의 말 한마디 때문에 절망감에 죽음을 선택하는 사람도 있고, 의사의 실수로 평생 장애인으로 살아가는 사람들도 있기 때문입니다.

얼마 전 대구 계명대학교 의과대학 채플 시간에 간증 요청이 있어서 다녀왔습니다. 예수 그리스도의 치유의 사랑이 의사의 손끝에서 환자들에게 전해지고, 그 입술에 하나님의 사랑이 흘러나오는 의사들이 되기를 당부하며 간증을 마쳤습니다.

대구로 내려가기 전까지만 해도 마음이 무거웠는데, 올라오는 기차 안에서 저는 하나님께 감사기도를 드렸습니다. 나의 아픔과 고통을 통해 의대생들에게 경각심을 심어주고 그리스도의 산 증인이 되게 하심에 감사했습니다.

용서의 기쁨

너를 축복하는 자마다 복을 받을 것이요
너를 저주하는 자마다 저주를 받을지로다
민수기 24:9

어느 날 이 말씀을 읽는데, 어린 시절 5년 동안 끊임없이 나를 놀렸던 남자아이 두 명이 떠올랐습니다. 저는 그 아이들의 얼굴과 이름을 아직도 기억합니다. 어릴 때는 그 친구들이 너무 미워서 태권도를 배워서 때려주고 싶다고 생각한 적도 있었습니다.

지금 길에서 어른이 된 그들과 마주치면 제가 어떻게 반응할지 장담할 순 없지만, 저는 제 의지가 아니라 하나님께서 주시는 사랑으로 그들을 용서했습니다. 자신들이 무슨 짓을 했는지도 모르는 어린아이들에 불과했고, 저는 그들을 정죄할 권리도 없습니다.

> 입법자와 재판자는 오직 하나이시니
> 능히 구원하기도 하시며 멸하기도 하시느니라
> 너는 누구관대 이웃을 판단하느냐
>
> 야고보서 4:12

일만 달란트 빚을 갚아주신 하나님 앞에서 제가 어찌 일백 데나리온 빚진 자에게 빚을 갚으라 하겠습니까? 저는 그 두 아이를 생각하면서, 그들에게 저주 대신 그리스도의 사랑과 축복이 임하도록 기도했습니다.

내적치유 시간에 성령님께서는 저를 그들이 파충류 괴물 같다고 비웃으면서 놀렸던 기억 속으로 데려가셨습니다. 그리고 그 시간과 장소 속으로 예수님이 찾아오셨습니다. 친구들이 보이지 않도록 예수님이 두 손으로 제 눈을 가려주셨습니다. 그리고 예수님의 심장에서 흰색 이어폰이 나왔고, 예수님은 그것을 제 귀에 꽂아주셨습니다. 예수님의 심장에서 아주 따뜻한 음성이 들렸습니다.

'효진아, 내가 너를 참으로 사랑한다. 두려워 말고 놀라지 말거라. 세상 끝날까지 내가 너와 함께할 것이니라.'

그렇게 가장 고통스럽고 아픈 기억을 예수님께서 치유해주셨습니다. 당시의 수치심과 상처가 치유되고 회복되었습니다. 이제 예수님이 나를 만나주셨기에 나를 사랑하시는 예수님의 사랑만 기억될 뿐입니다. 내 영혼의 치유자는 오직 예수님뿐입니다.

그리고 또 한 사람, 저에게 상처를 준 모두를 용서해도 절대로 용서하지 못할 것 같은 사람이 있었습니다. 바로 엄마를 돌아가시게 한 트럭 운전자입니다. 버스에서 내려서 길을 건너던 엄마는 과속으로 달려오던 트럭에 치여 그 자리에서 돌아가셨습니다. 당시 운전자는 20대 후반의 청년이었습니다. 친구들과 강릉으로 놀러가느라 시끄러운 음악이 흘러나오는 들뜬 분위기 속에서 과속과 부주의로 사고를 낸 것이었습니다.

당시 아빠는 그 청년의 장래를 위한다면서 바로 선처(善處)해주셨습니다. 저는 그런 아빠를 이해할 수 없었습니다.

"아빠, 어떻게 용서할 수 있어요? 살인을 저지른 사람인데 그렇게 금방 감옥에서 나오게 하면 어떡해요?"

"너희들도 나중에 운전을 하다보면 가해자도 될 수 있고 피해

자도 될 수 있단다. 이건 누구나 할 수 있는 실수야. 젊은 사람인데 장래도 생각해줘야 되지 않니? 다 너희들 생각해서 아빠가 내린 결정이다."

저는 운전을 하게 되면서 아빠의 그 말씀을 이해하게 되었습니다. 순간의 실수로 가해자가 될 수 있는 운전이 얼마나 무서운 것인지 말입니다. 그래서 저는 운전할 때마다 성령님께서 저를 지키시고 보호해주시며, 안전 운전하게 해달라고 기도합니다.

서울 시내를 운전하다보면 경적을 울리며 황급히 이동하는 구급차들을 종종 봅니다. 저는 그 소리만 들어도 심장이 두근거리면서 엄마 생각이 납니다. 누군가가 세상에서 가장 사랑하는 사람을 잃게 될지도 모른다고 생각하면 운전하다가도 눈물이 납니다. 그럴 때마다 저는 알지도 못하는 구급차에 실려 가는 사람과 그 가족들을 위해 기도합니다.

축복이 넘치는 가족

어느 날 새벽에 깨어 기도하고 있는데 남동생에게서 문자메시지가 왔습니다.

"누나 사랑해. 그리고 고마워, 가족이 되어줘서. 어렸을 때는 누나가 부끄러웠는데 지금은 나에게 무엇보다 소중한 누나야."

그리고 동생은 바로 전화를 해서 "누나…" 하며 울었습니다.

꿈을 꾸었는데 피로 얼룩진 상처투성이의 제 얼굴을 보고는 놀라서 깨어 저한테 문자를 보냈다고 했습니다. 동생과 그렇게 20분 동안 함께 울며 통화하면서 어린 시절의 기억이 떠올랐습니다.

초등학교 때 친구랑 같이 걷고 있는 동생을 보고 이름을 불렀는데 동생이 저를 모르는 척하며 그냥 지나친 적이 있었습니다. 어린 동생에게는 누나의 모습이 친구들한테 부끄러웠던 것입니다. 그때도 저는 속으로 눈물을 삼킬 수밖에 없었습니다.

그러나 동생이랑 같이 서울에서 대학을 다니면서 동생은 저의 경호원이 되어주었습니다. 180센티미터의 키에 건장한 체격의 동생이 무척 든든하고 믿음직스러웠습니다.

"누나, 고등학교 때 하나님의 사랑을 깊이 체험하면서부터 누나의 얼굴이 부끄럽지 않게 되었어. 이전에는 지하철에서 사람들이 누나를 쳐다보면 때려주고 싶을 때도 많았거든."

동생이랑 통화를 마치면서 어린 시절 동생으로부터 거절당했던 마음을 하나님께서 위로하시고 치료하신다는 생각이 들었고, 작은 상처도 기억하시고 치유하신 하나님께 감사기도를 드렸습니다.

저는 언니에게도 늘 미안한 마음이 있습니다. 부모님의 사랑과 관심이 저에게 집중되면서 상대적으로 언니에게는 부모님의 사랑이 부족했을 것입니다. 엄마는 가게 일과 집안일을 혼자서 하기가 힘드셨고, 언니는 그런 엄마를 초등학교 때부터 많이 도와드렸습니다.

그런데 엄마가 언니만 일을 시키고 저한테는 시키지 않으셨기 때문에 언니에게는 그것이 편애(偏愛)로 느껴졌을 것입니다. 부모님이 아이들을 키우다보면 사랑의 매를 들기도 하고 야단도 치는데, 저는 부모님에게 맞아본 기억도 없고 특별히 혼난 기억도 없습니다. 같이 잘못해도 언니가 늘 제 몫까지 야단을 맞다보니 언니는 그것이 마음에 상처가 되었습니다.

또 다른 집은 언니 옷을 동생이 물려 입는 것이 보통인데 저는 그런 기억이 없습니다. 엄마가 늘 예쁜 옷을 저에게 먼저 사주셨기 때문입니다. 엄마가 언니를 미워해서 그런 게 아니고, 언니는 건강했기 때문에 저에 비해 상대적으로 신경을 쓰지 못한 것인데 언니는 늘 사랑받지 못한 것에 대한 아픔이 있었던 것입니다.

최근에 언니와 대화하면서 언니도 저에게 항상 미안한 마음이 있었다는 말을 들었습니다. 자기가 다칠 수도 있었는데 동생이 다쳐서 저를 볼 때마다 마음이 아팠다고 합니다.

저는 때로 언니의 얼굴을 보면서 제 얼굴을 상상하기도 했습니다. 본래 제 얼굴이 그려지지 않기 때문에 언니를 보면서 다치지 않은 제 모습을 그려보는 것입니다. 언니는 늘 자신의 친구들에게서 "동생이 다치지 않았으면 너보다 미인이었겠다"라는 말을 자

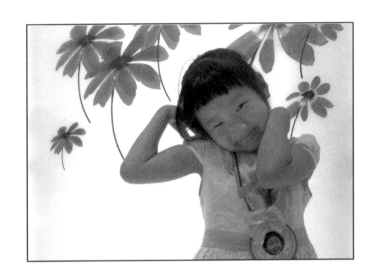

축복의 통로가 된 사랑스러운 조카.

주 들었다면서 저에게 자부심을 가지라고 위로하곤 했습니다.

성령체험을 하고 하나님께 받은 은혜가 크고 감사해서 함께 사는 언니네 가족들에게도 그 사랑을 흘려보내고 싶어졌습니다. 어떻게 그 사랑과 은혜를 전해야 할지 고민하고 기도하던 중 하나님께서 지혜를 주셨습니다. 바로 조카들을 통해 사랑을 흘려보내면 아이들이 엄마아빠에게 사랑을 흘려보내는 것입니다.

최근에 언니는 자녀양육에 지쳐 있었고, 형부는 회사일로 지친 상태에서 가끔 작은 갈등이 부부싸움으로 이어지곤 했습니다. 저는 그리스도의 사랑과 축복이 이 가정에 흘러들어가기를 소망하면서 다섯 살 둘째 조카의 머리에 손을 대고 기도하곤 했습니다.

"예수님의 이름으로 사랑하고 축복해."

"엄마랑 아빠한테 가서 안아주면서 '사랑해 축복해'라고 말하고 와."

그러면 조카는 형부와 언니에게 달려가서 제가 한 말을 그대로 따라했습니다.

언니와 형부에게 처음부터 눈에 띄는 변화가 있었던 것은 아닙니다. 그런데 저와 조카들이 안방과 거실 작은 방을 사랑과 축복으로 휩쓸고 다닌 지 5개월이 지날 즈음, 둘 사이에 잦은 다툼이 없어지고 주일예배만 드리던 언니와 형부가 어머니학교와 아버지학교에 등록하면서 급속도로 변하기 시작했습니다.

기회는 이때다 싶어서 가정예배를 드리기 시작했습니다. 가정예배 중에 언니가 재미있는 간증을 했습니다. 언니는 각종 염려, 근심, 걱정, 두려움, 죄책감, 정죄감 등으로 너무 지친 상태였다고 했습니다. 그런데 제가 성령세례를 받으면서부터 저만 보면 마치 언니 안으로 빛이 들어오는 느낌을 받았다고 합니다.

　　그리고 제가 화장실에 기도제목과 말씀을 적어서 붙여놓았는데 언니와 형부가 이 말씀을 볼 때마다 자꾸만 양심이 찔렸다고 합니다. 제 방이 주방 바로 옆에 있어서 언니가 아침식사를 준비하려고 하면 제 기도 소리가 들리고, 또 밤에 주방 근처에 오면 제 기도 소리가 들려서 언니는 미안한 마음에 '효진이한테 진 기도빚을 빨리 갚아야 하는데…'라고 생각했다고 합니다.

　　그렇게 7개월이 지나자 언니 마음속에 기쁨과 감사와 평안이 넘치기 시작했고, 하나님은 서서히 언니와 형부의 마음을 만지시고 하나님 품으로 온전히 인도해주셨습니다.

　　제 조카는 손 장로님의 설교 영상을 보다가 "악한 영들, 떠나가!"라는 부분이 나오면 "떠나가! 떠나가!"하고 그대로 따라합니다. 우리 가정을 괴롭히던 악한 영들이 견디다 못해 항복하고 떠나간 이후 평안과 기쁨이 넘치는 가정으로 변했습니다. 가정에 그리스도의 사랑과 향기가 가득해지면서 웃음과 행복이 넘치는 가정으로 변한 것입니다. 요즘은 언니와 형부가 오히려 조카들에게

"사랑해, 축복해"라며 머리에 손을 얹고 기도해주고 있습니다.

저는 이 일을 통해 사람을 변화시킬 수 있는 분은 하나님 한 분이심을 깨달았습니다. 이렇게 성령님은 저와 저희 가족 안에 있던 아픔과 상처를 세심한 손길로 만져주셨습니다. 이전보다 더 행복한 천국 가정을 허락하신 주님께 찬양과 감사를 드립니다.

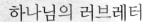

하나님의 러브레터

나의 가장 사랑하는 딸아
내가 너를 참으로 사랑하노라.

네가 먼저 나를 사랑함이 아니요
내가 먼저 너를 사랑하였노라.
네가 먼저 나에게 나아옴이 아니요
내가 먼저 너에게 다가갔노라.

네가 아픔 가운데 있던 시간보다 내 아픔이 더 크고 깊었나니
너의 고통이 내게는 심장을 찢는 아픔이었구나.

네가 나를 모르는 그 시간에도 나는 너를 알았고
네가 나를 사랑하지 않은 그 시간에도 나는 너를 사랑하였으니
너를 향한 내 사랑이 우주에 충만하고도 남는구나.

너를 향한 나의 사랑이 십자가에서 완성되었고
그 사랑이 날마다 네게 충만하니
너는 내가 사랑하는 자요 기뻐하는 자라.

너는 나의 기쁨이요, 내 나라의 스타요, 미스 헤븐이니라.

내가 너를 지켜 보호하리니
어둠이 더 이상 너를 주관하지 못하고
슬픔이 더 이상 너에게 고통을 줄 수 없으리니
내가 가장 깊은 곳에 품은 내 사랑하는 자니라.
너를 사랑함에는 이유도 없고 설명도 필요 없으니
태초부터 존재하였던 사랑이니라.

내가 너를 반드시 축복하고
네 발을 사슴과 같이 뛰게 하고
너를 반석 위에 높이고 세우리니
내가 높이면 낮출 자가 없으리로다.

내 사랑아, 내 신부야, 내 친구야
사랑한다, 사랑한다.

_5
완전히
새로운 삶

성령님께 중독된 삶

저는 세상에서 가장 행복한 사람입니다. 하늘 아빠가 친히 저를 찾아오셨기 때문입니다. '나 스스로를 믿고 의지했던 자존자(自存者)적인 삶'은 두려움 자체였습니다. 늘 벼랑 끝을 걸어가는 기분이었습니다. 벼랑 끝에서 떨어지지 않기 위해 발버둥치며, 인정받기 위해, 남보다 더 잘하기 위해 노력했던 삶은 세상에서 가장 비참하고 고독한 삶이었습니다.

저는 자아(自我)를 십자가에 못 박고, 스스로의 힘만 믿고 사는 인생을 청산했습니다. 그리고 제 삶의 주인으로 예수 그리스도께 모든 통치권과 소유권을 드렸습니다. 원래 주인에게 돌려드린 것입니다. 이것은 저를 구속하는 것도 아니고, 자유를 빼앗긴 것도 아닙니다. 저는 오히려 이전보다 지금이 더 자유하고 기쁩니다.

이전에 저는 현실 도피의 수단으로 공부 중독, 일중독, 드라마 중독으로 빠져들었고, 최근에 하나님의 영광이 제 삶과 충돌하여 영적 돌파가 일어나면서 그것들로부터 자유를 얻었습니다. 비록 제 안의 쓴뿌리와 상처로 인해 여러 가지 중독 현상이 있긴 했지만, 감사한 것은 술이나 마약 중독에 빠지지 않고 공부와 일에 빠졌다는 것입니다. 지금은 그것이 제게 유익이 되어 하나님께 쓰임받을 수 있는 통로가 되었음에 감사드립니다.

이제 저는 하나님의 사랑과 예수님의 생수(生水) 그리고 성령님과의 교제에 중독되었습니다. 단 1초도 삼위일체 하나님을 떠나서는 살 수 없고, 살고 싶지도 않습니다. 예수님은 저에게 영원히 목마르지 않는 생수를 주셨고, 그 생수는 세상이 줄 수 없는 기쁨과 평강을 주었습니다.

날마다 하나님께 중독되는 삶이 제게 가장 큰 기쁨이고 행복입니다. 슬픔과 고통의 눈물은 하나님의 사랑과 은혜에 대한 기쁨과 감사의 눈물로 바뀌었습니다. 나 같은 죄인이 예수님의 십자가 사랑으로 순결하고 깨끗한 주의 신부가 되고, 거룩한 지성소(至聖所)에 들어갈 수 있는 담력을 얻었으니 그 은혜가 감사해 하염없이 눈물만 흘립니다.

주님과 대화하고 그분과 함께 빛의 길을 걸어갈 수 있게 해주신 놀라운 은혜와 위대한 사랑 앞에서 온몸이 떨리고 심장이 불타올라 마치 제가 소멸되는 듯한 느낌이 들 때가 있습니다. 주님과 제가 하나되어 나는 없어지고 오직 주님만이 내 안에 계시다고 느낄 때 종일토록 제 입술에는 주를 향한 찬양과 감사가 넘쳐흐릅니다.

주를 찬송함과 주를 존숭함이 종일토록 내 입에 가득하리이다
시편 71:8

말씀치유집회에서 스텝으로 섬기는 월요일은 일주일 중 가장 기쁘고 행복한 날입니다. 저를 하나님의 동역자로 불러주시고 그 나라를 위해 일할 수 있도록 인도하신 은혜는 놀랍기만 합니다. 예배당 입구에서 주보를 나누어줄 때도 저는 헌금 봉투에 손을 얹고 기도합니다.

'하나님, 이 주보를 받는 모든 사람들에게 사랑과 축복을 흘려보냅니다.'

그런 다음, '예수님의 이름으로 당신을 축복합니다'를 줄여서 "축복합니다" 하고 인사합니다. 하나님께서 나에게 축복의 권세를 주셨기에 주신 권세를 아낌없이 사용합니다. 내가 흘려보내는 만큼 하나님의 사랑이 다시 나에게 흘러들어옴을 믿고 열심히 축

"축복합니다."
하나님께서 나에게 축복의 권세를 주셨기에
주신 권세를 아낌없이 사용합니다.

복을 전합니다.

집회를 마치고 마지막에 손 장로님께서 스텝들을 위해 한 사람씩 기도를 해주십니다. 하루는 기도를 받고 나서 가끔 신앙 상담을 해주시는 손기철 장로님의 아내되시는 윤현숙 전도님과 성령 안에서 뜨거운 포옹을 했습니다. 그런데 하나님께서 전도사님을 통하여 앞으로 저에게 좋은 일이 많이 생길 것이라고 말씀해 주셨습니다. 성령님을 만나고 나서 좋은 일이 많이 생겨서 행복감과 기쁨을 주체할 수 없는데 앞으로도 좋은 일이 더 많이 생길 거라고 하시니 춤이라도 추고 싶었습니다.

저는 기도를 받고 집으로 돌아오는 그 시간이 행복합니다. 마치 술에 취한 것처럼 성령에 취한 느낌이 들면서 나도 모르게 입에서 방언 찬양이 흘러나옵니다. 제 영으로 주를 찬양하고 노래하며 운전하면서 집으로 돌아올 때면 마치 하늘을 나는 느낌입니다. 성령님과 동행하는 것은 제게 말할 수 없는 기쁨과 평강을 줍니다.

소망의 하나님이 모든 기쁨과 평강을 믿음 안에서
너희에게 충만케 하사 성령의 능력으로
소망이 넘치게 하시기를 원하노라

로마서 15:13

감사와 축복을 전하다

성령님을 통해 제가 받은 축복을 전하는 일도 더 이상 지체할 수 없게 되었습니다. 말씀치유집회에서는 치유가 필요한 가족이나 친구, 지인들에게 현장에서 휴대전화로 전화를 걸어, 선포된 말씀을 전하고 기도하는 시간이 있습니다. 저는 늘 이 시간이 기다려지고 기대가 됩니다.

얼마 전 CEO 킹덤빌더스쿨에서도 하나님의 사랑을 부모나 자식 혹은 아내와 남편에게 흘려보내는 기도 시간이 있었습니다. 저는 고향에 계신 아빠를 떠올리고 하나님의 사랑이 아빠에게 흘러가기를 선포했습니다. 모임을 마치고 집에 가려는데 아빠께 직접 사랑한다는 말을 해야겠다는 생각이 들었습니다. 엄마가 살아계실 때 "낳아주셔서 감사하다"라는 말을 못한 것을 가장 후회했는데, 같은 실수를 반복하고 싶지 않았습니다.

바로 아빠께 전화를 걸었습니다.

"아빠, 저를 태어나게 해주셔서 감사해요. 저 때문에 많이 힘드셨지요? 잘 키워주셔서 감사해요. 아빠, 사랑해요."

아빠는 제 말을 듣자마자 우시기 시작했습니다.

"잘 커줘서 고맙다."

아빠는 울먹이시면서 말씀하셨고, 저도 목이 메여 통화를 계속할 수가 없었습니다.

전화를 끊고 아빠가 건강하시고 외롭지 않게 해달라고 하나님께 기도했습니다. 아빠는 제가 다치면서부터 마음에 병이 생기셨습니다. 심장이 너무 아파서 약을 드시지 않고는 숨을 쉴 수가 없으셨습니다. 서울에 있는 큰 병원에 가도 병명(病名)을 알 수가 없었습니다. 저 때문에 생긴 마음의 병으로, 30여년 동안 하루 세 번씩 약을 드셔야 했습니다. 그러나 감사하게도 최근에는 약을 드시지 않아도 아프지 않으십니다. 아빠의 병을 고쳐주신 하나님의 은혜에 감사드립니다.

저는 휴대전화뿐만 아니라 사무실에서 전화를 하거나 문자메시지를 보낼 때도 예수님의 이름으로 축복을 흘려보냅니다. 운전을 하면서도 횡단보도를 건너는 사람들이나 주차요원, 경비원, 엘리베이터에서 만나는 사람들 등등 모르는 사람들도 예수 그리스도의 이름으로 축복해주고 있습니다.

저의 '축복 흘려보내기'는 장소와 시간을 가리지 않습니다. 요금소를 지날 때 돈을 내고 잠시 기다리는 시간에 그 직원의 이름이 보이면 'OOO를 예수님의 이름으로 축복합니다'라고 기도합니다. 물론 그 축복이 어떻게 흘러갔는지 확인할 방법은 없지만 하나님께서 주신 축복의 권세를 사용하는 것은 저의 큰 기쁨입니다.

제가 자주 가는 주유소가 있습니다. 주유하는 3분 동안 주유소 직원을 위해 짧게 기도를 합니다. 그런데 언제부터인가 주유소 아저씨가 저를 만나면 반갑게 인사를 하면서 서비스로 주는 휴지를 꼭 두세 개씩 더 주십니다. 그렇게 주시면서 기쁜 표정을 지으십니다. 제가 아저씨에게 휴지를 더 달라고 한 적도 없는데 기쁨으로 자원해서 주시는 그 아저씨의 마음이 마치 하나님의 마음을 닮았습니다. 하나님도 늘 나만 보면 주고 싶어 하시고 '또 줄 게 없을까' 하고 찾으시는 분이라는 깨달음이 왔습니다. 구하지 않아도 주시는 하나님, 제가 축복받고 싶은 마음보다 더 축복해주고 싶어 하시는 하나님의 마음이 느껴졌습니다.

제가 주유를 하기 위해 주유소로 가서 그 아저씨를 만나야 휴지를 가득 안겨주시듯이, 하나님의 사랑과 축복을 받기 위해서는 하나님나라에 들어가서 하나님의 보좌 앞으로 나아가야만 그 사랑을 듬뿍 받을 수 있다는 깨달음도 성령님께서 주셨습니다.

그러나 성령충만하지 않으면 실수할 때도 있습니다. 최근에 급하게 설계 프로젝트를 진행하면서는 국내에서는 아직 한 번도 사용하지 않은 대리석을 아파트에 적용하려고 수입 담당업체에 미리 수급(需給)을 당부해놓았습니다. 그러나 담당자의 실수로 결국 사용할 수 없게 되었고, 순간 저의 옛 습관이 불쑥 튀어나왔습니다. 완벽주의 근성이 발동해서 화가 나기 시작한 것입니다. 이미 그 대리석을 사용하겠다고 건설사에 말해놓은 상태였고, 다들 기대하고 있었는데 배(船)로 들어오는데 한 달이나 걸린다는 것입니다.

저는 당장 일주일 후에 시공해야 하는 상황인데 일처리를 그렇게 하면 어떻게 하냐고 화를 냈고, 통화를 마칠 즈음 '화내면 안 되는데…'라는 생각이 들면서 미안하다고 말하고 전화를 끊었습니다. 통화 후 바로 하나님께 회개기도를 드리고도 내내 마음이 편치 않았습니다.

그때 바로 전화가 오는데 휴대전화 화면 발신자 표시에 "God is love"(하나님은 사랑이십니다)라고 되어 있는 것입니다. 누군지 궁금해 하면서 전화를 받았는데 오전에 통화한 수입업체 대리석 담당자였습니다. 순간 저는 그가 같은 하나님나라 백성이라는 사실에 더 부끄럽고 죄송스런 생각이 들어 또 한 번 미안하다고 하고 문자로도 사과의 말을 전했습니다.

더구나 상대방이 제 전화를 받을 때는 "God bless you"(하나님은 당신을 축복하십니다)라고 뜨는데 전화 받는 사람들이 '내가 크리스천인 걸 알았을 텐데 내 행동으로 인해 하나님을 욕되게 하진 않았을까'라는 자책감이 들었습니다.

이처럼 옛 자아, 옛 습관이 나도 모르게 튀어나와서 당황스럽긴 하지만 그래도 감사한 것은 그리스도 안에 있는 자에게는 결코 정죄함이 없나니 이는 그리스도 예수 안에 있는 생명의 성령의 법이 죄와 사망의 법에서 저를 해방하였기 때문입니다(롬 8:1,2).

자장면 캐스팅

성령님을 제 안에 모시면서부터 아침마다 이렇게 기도합니다.

'주님, 내 영(靈)과 혼(魂)과 육(肉)의 주인이 되셔서 나를 통치하시고 다스려주세요. 저의 생각과 감정과 의지의 주인이 되어주세요. 제게 주신 물질과 재능과 시간을 주님께 바치오니 주 뜻대로 사용하여주세요.'

이 기도는 제 방식대로 살 때는 드릴 수 없는 기도였습니다. 제 삶의 주인님이신 하나님께 통치권을 돌려드리면서 시작했던 기도인데, 하나님께서는 이 기도대로 저를 훈련시키셨습니다.

HTM 사역이 점점 커지면서 사역자 기도모임과 행정 업무를 처리할 수 있는 사무 공간이 필요하게 되었습니다. 그래서 HTM 하우스를 구하고 있으니 기도해달라는 손기철 장로님의 말씀에 제 마음이 뜨거워졌습니다. 할 수만 있다면 그 공간을 위해 하나님께서 주신 재능과 물질을 쓰고 싶다는 소망이 생겼습니다.

HTM 하우스를 위한 중보기도 동역자를 모집한다는 광고를 듣고 신청했더니 얼마 후 중보기도 이메일이 왔습니다. 거기에 적힌 기도제목을 보는 순간 눈물이 쏟아지기 시작했습니다. 하나님 나라를 위해 이렇게 열심히 섬기시는 분들이 기도모임을 할 곳이 없어 규장의 조그만 사무실에서 매주 모이신다고 생각하니 할 수만 있다면 제가 가진 모든 것을 드려 헌신하고 싶은 마음이 들었습니다.

'하나님, 제가 그 하우스의 인테리어디자인을 할 수 있도록 재능과 물질을 주세요.'

그리고 매주 말씀치유집회 헌금 봉투에 하우스를 위한 기도 제목을 적었고, 그렇게 기도한 지 몇 달이 지나서 사무국장님으로부터 전화가 왔습니다. 사무국에서 사무실 공간을 계약하고 나서 헌금 봉투에 적힌 기도제목을 보시고 저에게 전화를 주신 것입니다.

저는 떨리고 한편 설레는 마음으로 하나님께 기도했습니다.

'하나님나라를 위해 저를 써주셔서 감사합니다. 하나님나라의 귀한 사역자들이 머무는 곳이니 하나님의 영광과 임재가 가득한 곳이 될 수 있도록 제 손끝을 통하여 일하시고 모두가 기뻐하고 즐거워할 수 있는 공간이 되도록 저에게 지혜를 주세요.'

하나님께서 제게 인테리어디자인의 재능을 주셨음에 감사드렸고, 쓰임받았다는 생각에 기쁨을 주체할 수 없었습니다. 또한 하나님께서는 하우스를 인테리어 하는 데 필요한 금액도 바로 채워주셨습니다. 그것뿐만이 아니었습니다.

하루는 손 장로님과 자장면을 먹으면서 하우스에 들어갈 가구에 대해 상의하고 있었습니다.

"효진 자매, 다음 주부터 헌금위원으로 섬기세요."

나의 영적 멘토이신 손기철 장로님.

장로님의 갑작스런 말씀에 약간 당황했지만, 저는 망설임 없이 대답했습니다.

"네, 부족한 저를 써주시는 하나님께 감사합니다."

저는 이 일을 일명 '자장면 캐스팅'이라고 합니다. 사실 말씀 치유집회를 매주 다니면서 이분들과 함께 하나님나라를 위해 일하고 싶다는 소망이 있었습니다.

"헬퍼(helper)로 섬기고 싶으신 분들은 지원하세요."

이렇게 말씀하시긴 했지만, 저는 스스로 자격이 없다고 생각했습니다. 병들고 상처 입은 사람들이 치유받기 위해 오는 곳인데, 제 얼굴이 혹시나 오시는 분들에게 더 절망감을 주진 않을까 하는 생각 때문에 멀리서 중보기도를 하는 것만으로 만족했습니다. 그러나 하나님께서는 제 소망을 아시고 응답해주셨습니다. 할렐루야!

네가 주어라

저에게는 오빠가 있습니다. 오빠는 선천적으로 약하게 태어났습니다. 어릴 때는 위궤양을 심하게 앓았는데 갑자기 피를 토하며 죽을 고비를 세 번 이상 넘기기도 했습니다. 언제 잘못될지 모른다는 의사의 진단에 늘 가슴 졸이며 기도하시던 엄마의 모습이 떠오릅니다.

오빠는 고등학교 때 하나님을 만나면서부터 목사가 되겠다고 선포하고 열심히 신앙생활을 하기 시작했습니다. 어린 시절부터 잦은 질병으로 고통받은 오빠는 성품이 온순하고 겸손하며 오직 하나님께 순종하는 자세를 가지고 있습니다. 의사가 무리해서 공부하면 안 된다고 해도 죽을힘을 다해 공부하던 모습이 눈에 선합니다. 대학 시절에도 오빠는 몸이 계속 좋지 않았습니다. 그런 오빠를 보며 저는 참 의아해했습니다.

'하나님이 정말 살아 계시면 저렇게 열심히 믿는 오빠에게 왜 육신의 고통을 주실까?'

새언니는 오빠가 건강하지 못함을 알았지만 하나님께서 고쳐주신다는 약속의 말씀을 듣고 결혼했습니다. 오빠는 원주와 강릉에서의 부목회자 기간을 거치고, 하나님의 응답과 함께 미국으로 유학을 떠났습니다.

어렵게 유학길에 오른 오빠는 미국에서 신학대학원을 다니고 있었기에 경제적으로 많이 힘든 상태였습니다. 제가 성령님을 만나기 전에도 경제적으로 힘든 오빠를 도와주라는 감동을 주셨습니다. 하지만 그런 생각이 들 때마다 저는 애써 외면했습니다.

'하나님께서 다 알아서 채워주실텐데 내가 굳이 나설 필요가 없지. 하나님이 다 알아서 해주실 거야.'

이런 핑계로 오빠를 도와주지 않았습니다. 그럴 때마다 제 마음은 무거웠고 성령의 탄식이 내 안에 있었지만 순종하지 못했습니다.

하루는 사무실 근처에 있는 교회에서 손 장로님이 외부집회를 인도하신다는 광고를 듣고 퇴근하자마자 교회로 향했습니다. 집회의 마지막 시간에 성령님의 임재를 요청하고 기도하는 시간이 있었습니다. 장로님께서 "성령님께서 당신의 생각, 감정, 의지를 통치하실 수 있도록 모두 하나님께 드리세요"라고 말씀하시는데 눈물이 흐르기 시작했습니다. 저는 두 손을 하나님을 향해 뻗고 기도했습니다.

"성령님, 도와주세요. 나의 생각, 감정, 의지, 계획을 전부 드립니다. 나를 통치하시고 다스려주세요."

저는 그 시간이 마치 꿈만 같았습니다. 하나님의 임재 안에서 마치 내가 없어진 것 같았습니다. 마지막으로 장로님께서 말씀하셨습니다.

"앞으로는 성령님과 친밀한 교제를 나누시고 늘 동행하세요. 차에 탈 때도 함께 타고 차에서 내릴 때도 함께 내리세요."

저는 예배를 마치고 차에 타면서 성령님께 인사를 했습니다.

'성령님, 제 옆자리에 앉으세요.'

그때 제 마음속에서 성령님의 세미한 음성이 들려왔습니다.

'효진아, 오빠에게 백만 원을 보내주어라.'

저는 집으로 돌아오는 1시간 동안 '내가 하나님의 음성을 제대로 들은 걸까?'라는 생각이 들었습니다.

'왜 갑자기 백만 원을 입금하라고 하시는 걸까?'

저는 집에 도착하자마자 오빠에게 전화를 걸었습니다.

"오빠, 혹시 돈 필요해?"

오빠는 새언니가 안경을 새로 맞추고 상한 이를 치료하는데 백만 원이 필요해서 기도하고 있는 중이라고 했습니다. 더 놀라운 것은 성령님과 친밀한 교제를 나누고 있는 새언니는 이미 제가 입금해줄 거라는 응답을 받고, 제 전화를 기다리고 있었다고 합니다.

저는 지구 반대편에 있는 새언니와 저에게 성령님께서 동시에 말씀하신다는 것이 정말 신기했습니다. 그리고 제가 성령님의 음성을 제대로 들었다는 생각에 참 기뻤습니다. 저는 그날 바로 하나님께 순종하는 마음으로 백만 원을 입금했고, 하나님께서 축복의 통로로 나를 쓰셨다고 생각하니 기쁜 마음을 주체할 수 없었습니다.

그즈음 3년간의 공부를 마친 오빠는 기도하면서 시애틀로 이사할 계획을 세우고 있었습니다. 그러나 오빠는 이사 비용이 없어 저에게 중보기도를 요청했고, 저는 안타까운 마음으로 기도했습니다.

하루는 중보기도를 하는데 성령님께서 '네가 주어라'는 감동

미국 시애틀 옥하버영광교회에서 **담임목사로** 사역하는 **오빠**와
든든한 기도동역자 새언니, 사랑스런 조카들.

을 자꾸만 주시는 겁니다.

'내가 잘못 들은 거겠지? 얼마 전 HTM 하우스 인테리어도 헌신했는데 하나님께서 연달아 나에게 그런 부담을 주실 리가 없어.'

그런데 중보기도만 하면 이상하게도 마음에 부담이 되었습니다. 저의 겉사람과 속사람이 내 안에서 전쟁을 시작한 것입니다. 최근에 물질을 많이 흘려보냈으니까 스스로 자족하고 있었던 것입니다. 그러나 하나님께서는 물질을 나누는 것에 인색한 저를 끊임없이 훈련시키셨습니다.

'나한테 있는 돈은 내 것이 아닌데, 내가 왜 아까워하지? 하나님 돈이고, 하나님께서 주라는데 내가 무얼 망설이고 있는 걸까? 주신 이도 하나님이시고 취하시는 이도 하나님이신데 나는 정말 바보구나!'

더불어 '하나님은 부자이시고, 나는 그런 하나님의 사랑하는 딸이니 나도 이미 부자이고, 내게 재물 얻을 능력을 주신 분도 하나님이신데 순종해야겠다'는 생각이 들어 그날 바로 적금을 깨서 오빠에게 천만 원을 송금했습니다.

오빠는 제가 천만 원을 입금하자 깜짝 놀랐습니다. 제가 그렇게 큰 돈을 입금할 거라곤 생각지도 못했기 때문입니다. 그러나 천만 원 헌금에 대해 가장 놀란 건 제 자신이었습니다. 도저히 상상할 수도 없는 일이 저에게 일어났기 때문입니다. 단돈 천 원도 아까워했던 저에게 이 일은 홍해가 갈라지는 것만큼이나 놀라운 사건이었습니다.

누구든지 세상 재물을 갖고 있으면서
자기 형제나 자매의 궁핍함을 보고도 도와줄 마음이 없다면
어떻게 그 사람 안에 하나님의 사랑이 있다고 하겠습니까?
요한일서 3:17, 우리말성경

저는 어린 시절부터 검소하신 부모님의 영향으로 돈을 쉽게 쓰지 못했습니다. 특별히 누군가를 위해 물질을 흘려보내는 일이 매우 어려웠습니다. 그러나 하나님이 제 안에서 말씀하실 때는 그 일이 제게 오히려 기쁨이고 즐거움으로 다가오는 것을 체험했습니다. 또한 하나님의 사랑이 내 안에서 솟구칠 때 그것이 넘치고 넘쳐서 자연스럽게 흘러가는 것이 순종의 기초라고 생각합니다. 게다가 그 물질은 오빠에게 보낸 것이 아니라 하나님께 드린 것이고, 하나님나라를 위해 투자한 것입니다.

전에는 내가 일해서 번 돈은 내 것이라고 생각했지만, 이제는 모든 것이 하나님 것이니 하나님께서 원하시면 즉각 순종하는 것이 기쁨임을 압니다.

흩어 구제하여도 더욱 부하게 되는 일이 있나니

과도히 아껴도 가난하게 될 뿐이니라

구제를 좋아하는 자는 풍족하여 질 것이요

남을 윤택하게 하는 자는 윤택하여지리라

잠언 11:24,25

주는 기쁨을 알다

은혜의 강물에 빠져 있던 중에 하나님나라를 위해 열심히 일하시는 한 집사님을 알게 되었습니다. 집사님은 가정 형편이 어려워 몸밖에 드릴 것이 없으니 몸으로 할 수 있는 건 뭐든지 하나님을 위해서 헌신하겠다는 생각으로 가득한 분이었습니다. 저는 그런 헌신의 자세에 감동했고, 하나님께서 주시는 감동대로 조금씩 물질로 도왔습니다.

그러던 중 집사님이 해외사역을 가고 싶으신데 항공료가 마련되도록 기도해달라고 부탁하셨습니다. 저는 그 말을 들으면서 자신을 위해 쓰는 것도 아니고 하나님나라를 위한 것인데 돈이 없어서 갈 수 없는 상황이 참 안타까웠습니다. 저는 내가 직접 갈 순 없지만 물질로 도울 수 있다면 도와야겠다는 생각에 선뜻 항공료 160만 원을 드렸습니다.

그런데 갑자기 사역에 차질이 생겨 집사님은 해외에 가실 수 없게 되었습니다. 저는 당연히 항공료를 돌려주시겠지 생각하고 있었는데, 집사님은 아무런 말씀이 없으셔서 속으로 좀 서운해 하고 있었습니다. 저는 하나님께 기도했습니다.

'하나님, 왜 집사님이 돈을 안 돌려주지요? 제가 달라고 해야 하나요?'

'효진아, 네가 흘려보낸 물질은 내가 받은 것이니 뒤돌아보지 말거라. 소금기둥이 된 롯의 아내를 생각해보아라. 뒤돌아보지 말고 앞을 보고 나아가거라.'

'네, 알겠습니다.'

저는 하나님께 기도한 다음에야 마음이 풀렸습니다. 그리고 집사님께 돌려달라는 말을 하지 않았습니다. 하나님은 이렇게 물질의 청지기의 자세에 대해 끊임없이 저를 훈련하셨습니다.

물질에 대한 훈련이 시작되고 1년이 지나자 통장 잔고가 눈에 띄게 줄었습니다. 처음에는 '내가 잘못된 게 아닐까'라는 생각도 들었지만 흘려보낼수록 제 마음은 점점 부유해지기 시작했습니다. 통장 잔액이 더 이상 제게 어떤 영향도 미치지 않게 되었습니다. 1년간 심은 물질은 몇 배로 열매를 거둘 것이고, 하나님은 후히 되어 흔들어 넘치도록 저에게 안겨주실 것이기 때문입니다.

통장 잔액이 줄어들수록 제 마음에 평강과 기쁨이 넘쳐났고 제가 하는 모든 일이 형통해지기 시작했습니다. 심고 거두는 이런 일이 반복될수록 저는 아브라함에게 주신 축복, 즉 저도 '복의 근원'이 될 수 있다는 자부심을 갖게 되었습니다.

> 가난한 자를 불쌍히 여기는 것은 여호와께 꾸이는 것이니
> 그 선행을 갚아주시리라
>
> 잠언 19:17

물질을 흘려보내는 기쁨을 맛보기 시작하면서부터 "주는 것이 받는 것보다 복이 있다"(행 20:35) 하신 말씀이 이해되기 시작했습니다. 받을 때보다 줄 때가 더 기쁘고, 받는 사람이 기쁨으로 받을 때 제가 더 기뻐지는 체험을 하게 된 것입니다. 특히 공짜로 제 손에 들어온 상품권은 감동이 오는 대로 남에게 주었습니다.

지난 연말에도 역시 상품권을 선물로 받았습니다. 저는 별 생각 없이 제 구두를 사려고 생각하고 있었습니다. 그런데 성령님이 투병 중인 한 후배에게 주라는 겁니다. 후배는 아파서 직장생활을 하지 못해 넉넉하지 못한 생활을 하고 있는 중이었습니다. 그때 저는 이미 구두를 사려고 생각 중이었고, 순종이 제사보다 낫다는 말씀이 떠올랐으나 그냥 잊고 며칠을 지냈습니다.

'설마 성령님께서 상품권으로 구두를 사고 싶은 내 소망을 꺾으실까? 이 정도는 귀여운 애교로 봐주시겠지?'

그 해 마지막 날인 12월 31일, 후배와 점심을 먹는데 성령께서 또 말씀하시는 겁니다.

'후배에게 상품권을 주거라.'

'상품권으로 제 구두 사려고 하는데요….'

'상품권을 주거라.'

'네… 알겠습니다. 충성!'

저는 맛있는 스파게티와 와플을 먹으면서 지갑에 있던 상품권을 꺼내서 후배에게 주었습니다. 후배는 기뻐서 어쩔 줄을 몰라 했습니다.

"언니, 고마워요. 며칠 있으면 내 생일인데… 운동화를 하나 사고 싶어서 기도하고 있었어요."

저는 그 말을 듣자마자 성령님께 즉각 순종하지 않은 죄에 대해 회개했습니다. 주고 나니 제 안에서 기쁨과 감사가 넘침을 느낄 수 있었습니다.

한 해를 마무리하면서 저는 마치 '물질의 청지기스쿨'을 수료한 기분이었습니다. '절대 순종, 즉각 순종'하지 못한 불량학생이었지만 인내하심으로 끝까지 참으시고 가르쳐주신 성령님께 감사드립니다.

심는 자에게 씨와 먹을 양식을 주시는 이가

너희 심을 것을 주사 풍성하게 하시고

너희 의의 열매를 더하게 하시리니

너희가 모든 일에 부요하여 너그럽게 연보를 함은

저희로 우리로 말미암아 하나님께 감사하게 하는 것이라

고린도후서 9:10,11

1억 헌금의 꿈

하나님은 제가 드린 첫 헌금인 천 원이 7년 만에 천 배인 천만 원이 되게 하셨습니다. 이것은 제가 생각해도 놀라운 변화입니다. 그런데 얼마 전 어떤 분이 1억을 헌금하셨다는 말이 저에게 큰 도전이 되었습니다. 나도 하나님께 1억을 드리고 싶은 소망이 내 안에서 일어나기 시작했습니다. 저는 속으로 이렇게 다짐했습니다.

'열심히 벌어서 나도 하나님께 1억을 드려야겠다.'

1억 헌금을 하고 싶은 열망은 시간이 지나도 꺼지지 않고 점점 더 커져만 갔습니다. 생각날 때마다 저는 "1억을 이미 주신 하나님 감사합니다"라고 기도하며, 이미 있는 것처럼 느끼고 감사하곤 했습니다.

한편으로는 제 자신도 놀랐습니다.

'내가 정말 많이 변했구나! 어떻게 1억이 없는데 이렇게 있는 것처럼 느껴지고 감사할 수가 있을까?'

하나님께 받는 기쁨보다 하나님께 드릴 때의 기쁨이 얼마나 큰지 여러 번 경험했기 때문일 것입니다. 기쁘게 받으시는 하나님의 마음이 나에게 전해질 때의 기쁨은, 드릴 수 있게 해주신 하나님을 향한 감사와 찬양으로 이어집니다.

아마 하나님을 믿지 않는 사람들이 제 상태를 보면 제정신이 아니라고 할 것입니다. 그러나 그렇게 기도하면 정말 통장에 1억이 있는 것만 같고 이미 기도 응답을 받은 것 같아서 더 이상 "하나님, 빨리 1억을 주세요"라고 기도하지 않게 되었습니다. 저는 "무엇이든지 기도하고 구하는 것은 받은 줄로 믿으라 그리하면 너희에게 그대로 되리라"(막 11:24)라는 말씀을 참 좋아합니다. 이 말씀은 제 믿음의 뿌리가 되는 말씀입니다.

그렇게 3개월을 기도하던 어느 날, 재테크 차원에서 사놓은 화곡동 빌라가 떠올랐습니다. 그 집의 시세에서 전세보증금을 빼면 거의 1억이었습니다. 하나님께서 축복해주신 물질로 마련한 저의 재산목록 1호였습니다. 그 집을 떠올리면서 많은 생각들이 스쳐 지나갔습니다.

저는 기독교 서적들을 읽으면서 자신이 가진 물질 전부를 하나님께 드리고 자신은 가난하게 사는 사람들을 보며 '하나님이 주신 물질의 축복을 누려야지. 다 드리면 어떻게 살려고 그럴까? 나는 저렇게는 신앙생활하지 말아야지'라고 다짐한 적이 있었습니다. 그리고 제가 생각한 건 하나님께서 1억을 주시면 그걸 다시 드리는 것이었기 때문에 '이건 잘못된 생각일 거야'라며 그냥 지나갔습니다. 제 마음속에 하나님께 드릴 수 있을 만큼만 드려야 한다는 계산적이고 이기적인 마음이 있었던 것입니다.

그러나 하나님나라의 삶은 그런 것이 아니었습니다. 인본주의적인 사고방식은 이 세상의 원리입니다. 저는 하나님나라는 이세상 나라의 원리와 법칙과는 차원이 다른 세계임을 깨달았습니다. 받을 때보다 드릴 때 기쁜 나라, 그곳은 하나님께 통치권을 드릴 때만이 누릴 수 있는 은혜의 나라입니다.

그러던 중 CEO 킹덤빌더 모임에 갔다가 하나님나라의 건설에 대한 말씀을 들었습니다. 하나님나라를 건설하고 확장하는 곳에 물질을 흘려보내야 한다는 말씀을 듣는 순간 제 마음이 불타오르는 것만 같았습니다. 하나님나라를 확장하고 하나님의 뜻을 이루는 일에 물질이 쓰인다고 생각하니 저는 당장 화곡동 빌라를 드리고 싶은 마음을 주체할 수 없었습니다.

저는 하나님이 과연 이 물질을 기쁘게 받으실지 궁금했습니다. 그래서 집에 오자마자 하나님께 기도했습니다.

'하늘 아빠, 화곡동 집을 드리고 싶어요. 받아주실 거지요?'

하나님은 1초도 지나지 않아 응답하셨습니다.

'내가 기쁘게 받을 것이다. 내가 기뻐하노라. 그러나 내가 그

냥 받지는 않을 것이다. 반드시 너에게 갑절로 돌려줄 것이니라.'

'아빠, 돌려주지 않으셔도 돼요. 저는 하나님 한 분만으로 정말 행복해요.'

저는 하나님께 물질을 드릴 때 최소 30배에서 60배로 되돌려주시는 것에 제 마음을 빼앗긴 적도 많았습니다. 그러나 이번에는 그렇지 않았습니다. 돌려주시지 않는다 하셔도 제 마음이 온전히 하나님을 향해 있었습니다. 하나님나라를 되찾고 싶으신 하나님의 마음, 하나님나라를 건설하고 확장하고 싶어 하시는 아버지의 마음, 부패하고 병든 이 땅을 바라보며 눈물 흘리시는 그분의 마음을 생각하면 제 마음이 너무 아파서 견딜 수가 없습니다.

처음 성령님께서 물질의 청지기의 삶을 가르쳐주실 때는 친절하고 상세하게 누구에게 얼마를 주고, 누구에게는 무엇을 도와주라고 가르쳐주셨습니다. 그러나 이번에는 그렇게 하지 않으시고, 제 마음속에 불타는 소원을 주시고 몇 개월이 지난 다음에야 화곡동 빌라를 생각나게 해주셨습니다.

만약 처음부터 성령님께서 '내가 네게 준 집을 1억 헌금으로 나에게 바쳐라. 내 나라를 확장하는데 필요하다'라고 하셨으면 저는 아마 '이건 사단의 소리야. 하나님은 내가 축복을 누리기를 원하셔'라는 생각으로 순종하지 않았을 것입니다. 그러나 하나님은 나의 기질과 성향을 너무나 잘 아시기 때문에 몇 달을 기다리셨습니다. 그리고 제 마음에 감동을 주시고 하나님께 드리지 않고는 견딜 수 없는 열정과 하나님나라의 건설과 확장에 대한 소망으로 내 심장을 불태우셨습니다.

하지만 불과 2년 전만 해도 저는 마태복음의 부자 청년의 말씀을 읽을 때면 마음이 참 무거웠습니다.

그 청년이 가로되 이 모든 것을 내가 지키었사오니
아직도 무엇이 부족하니이까 예수께서 가라사대
네가 온전하고자 할진대 가서 네 소유를 팔아 가난한 자들을 주라
그리하면 하늘에서 보화가 네게 있으리라
그리고 와서 나를 좇으라 하시니
그 청년이 재물이 많으므로 이 말씀을 듣고 근심하며 가니라

마태복음 19:20-22

예수님이 부자 청년에게 너무 무리한 요구를 하신다는 생각을 했습니다. 하지만 지금은 그렇게 생각하지 않습니다. 이미 내 삶의 모든 통치권과 소유권이 예수님께 있기 때문에 예수님께서 필요하실 때 편안하게 쓰실 수 있도록 내어드리는 것이 당연하다고 생각합니다.

너희는 먼저 그의 나라와 그의 의를 구하라

그리하면 이 모든 것을 너희에게 더하시리라

마태복음 6:33

성령님과 함께한 프레젠테이션

저는 2007년 1월에 업계 최고의 인테리어디자인 회사를 나와 작은 회사를 세웠습니다. 회사 이름은 '예수님이 인도하시는 회사'라는 의미로 '예인'으로 정하고, 예인의 회장님으로 삼위일체 하나님을 모셨습니다. 전능하신 회장님이 운영하시는 회사라고 생각하니 제가 걱정할 것이 전혀 없었습니다. 일이 많으면 열심히 일하고, 일이 없으면 열심히 성경공부하고 기도하면 되니, 마음이 편안했습니다.

초창기에는 주로 대형 인테리어 회사의 일을 외주(外注)로 받아서 일을 했습니다. 건설 경기가 어려워서 부도나는 회사가 많은 가운데에서도 저희 회사는 좋은 프로젝트를 몇 건 수주(受注)하게 되었습니다.

특히 대기업인 H건설 건은 하나님께서 미리 예비하시고 준비해주신 프로젝트입니다. 회사를 창립하면서 똑똑한 직원 한 명을 하나님께서 보내주셨는데, 저는 그 직원과 비전을 함께하고 싶었습니다. 그러나 그 직원은 얼마 못 가 우리 회사를 그만두고 H건설에 입사했습니다.

그런데 대기업에 입사한 그 직원이 우리 회사와 함께 일하고 싶다는 말을 전해왔습니다. 그 말을 듣고 저는 '언젠가는 H건설과 함께 일하겠구나'라는 막연한 생각만 가지고 갈렙의 "이 산지를 내게 주소서"를 흉내 내면서 그 기업의 협력업체가 될 수 있게 해달라고 하나님께 조르기 시작했습니다.

그렇게 기도한 지 6개월이 지나고 H건설로부터 인천 청라지구 현장 설명회에 참석하라는 전화가 왔습니다. 아파트 설계 분야에서 최고의 인테리어 회사들과 치열한 경쟁을 하게 된 것입니다. 그 회사들 중에는 저를 혹독하게 훈련시켰던 이전 회사도 포함되어 있었습니다. '드디어 다윗과 골리앗의 싸움이 시작됐구나' 하는 생각이 들어 곧장 기도를 했습니다.

'하나님, 제가 준비할 수 있는 물맷돌은 기도뿐입니다. 저에게 재능과 능력 그리고 뛰어난 아이디어를 부어주세요.'

건설사 임원들 앞에서 하는 프레젠테이션은 자신이 없어서 제 사업 파트너에게 부탁했습니다. 화상 입은 얼굴이 더 이상 제게 어떤 영향력도 미치진 못하지만, 많은 사람 앞에서 발표하는 일에는 아직도 두려움이 있었던 것입니다.

그런데 시애틀에 있는 오빠가 전화를 해서 하나님이 함께하는 사람이 발표를 해야 한다고 저에게 발표를 하라는 겁니다. 저는 하나님께 제가 임원들 앞에서 발표하기를 원하시면 환경을 통해 응답해달라는 소극적인 기도를 드렸습니다. 그런데 발표하려던 동료가 눈병이 나더니 일주일이 지나도 낫지를 않았습니다. 그러더니 발표하기 이틀 전, 눈병 때문에 못하겠으니 제게 하라는 것이었습니다. 저는 기도 응답이라는 확신이 들었고, 이미 성령님께서 영업하신 프로젝트이니 심사위원들의 마음을 움직여서 주실 거라는 믿음이 있었습니다.

제가 원하는 대로 입찰에서 1등을 하지 못하고 떨어질지라도 그것이 저에게 해(害)가 되기 때문에 주지 않으셨다면 떨어져도 감사하다고 생각했습니다. 지는 것도 승리이고, 이기는 것도 승리이니 결국 백전백승(百戰百勝)이 되는 것입니다. 저는 정말 기대가 되었습니다.

'이번에는 하나님께서 어떤 방법으로 승리를 주실까? 어떤 과정으로 나를 인도하실까? 예수님께서 이미 이기신 전쟁터에 기쁘고 즐거운 마음으로 전리품(戰利品)을 가지러 가야지.'

이렇게 생각하니 마음이 평안해졌습니다. 저는 골리앗과 싸워 이긴 다윗의 담대함을 흉내 내며 기도했습니다. 다윗은 골리앗을 조롱하며 만군의 여호와 하나님의 이름을 높이며 담대하게 나아갔지만 저는 막상 발표 시간이 다가오니 무척 긴장되고 떨렸습니다. 발표하기 10분 전에 저는 화장실에 가서 기도를 했습니다.

그때 성령께서 제 마음속에 발표 마지막에 할 말을 생각나게 해주셨습니다. 건설사의 아파트 브랜드 명과 딱 맞아 떨어지는 멘트였습니다. 기도를 마치고 20명의 심사위원들 앞에서 발표를 하는데 말에 막힘이 없었고 듣는 사람들의 반응도 아주 좋았습니다.

"이번 프로젝트를 저희 회사에 맡겨주시면 H건설이 꿈꾸는 아파트, 나아가 아빠와 엄마, 자녀들이 꿈꾸는 공간을 실현해드리겠습니다."

성령님께서 생각나게 해주신 마지막 멘트로 발표를 마치자 모두들 박수를 치기 시작했습니다.

H건설사의 담당자들은 예인의 규모가 작고, 함께 일한 적이 없기 때문에 가장 중요한 프로젝트를 잘할 수 있을지에 대해 의견이 분분했다고 합니다. 하지만 우리는 결국 1등으로 당선되었습니다.

주변에서는 예인처럼 작은 회사가 대기업과 일하게 된 데에 로비(lobby) 같은 것이 있었나 생각했지만 저는 그런 것은 할 줄도 모르고 하고 싶지도 않았습니다. 저는 기존에 일했던 건설사의 담당자들과도 친분이 있긴 하지만 "일 좀 주세요"라고 할 말주변도 없고 성격상 영업을 전혀 못합니다.

저의 영업 전략은 오직 회장님이신 성령님께 의지하는 것밖에 없습니다. 그래서 저는 영업 기안을 성령님께 올려드리고 그 프로젝트의 당선을 위해 기도할 뿐입니다. 그러면 하나님은 매번 제가 생각지도 못하는 방법으로 일을 연결시켜주셔서 저는 그때마다 놀라고 감탄할 뿐입니다.

내 계획이 아닌 하나님의 계획대로

물론 성령님께서 저의 영업 기안에 전혀 응답하지 않는 경우도 있었습니다. 그러나 그것도 결국 기도 응답임을 최근에야 깨달았습니다. 얼마 전 잠실 주공아파트 모델하우스를 오픈하면서, 우리 회사가 설계뿐만 아니라 시공(施工)도 할 수 있도록 기도드렸습니다. 그 기도에 하나님께서는 '계약률 0퍼센트'라는 결과로 응답해주셨습니다. 제가 원했던 응답은 아니지만 하나님이 원하시는 뜻을 분명하게 알 수 있는 명확한 응답이었습니다.

한편, H건설 인천 청라지구 프로젝트에 참석한 인테리어 업체는 3곳이었습니다. 소, 중, 대형 아파트 중에서 저희 회사가 소형 아파트를 진행하게 되었습니다. 예인이 1등으로 당선되긴 했으나 실력을 검증하기 위해서 건설사에서 가장 작은 평형을 준 것입니다. 저는 실망했고, 한편으로는 의아했습니다.

'하나님이 주신 프로젝트인데 어떻게 이런 일이 생겼을까?'

하나님에 대한 불만이 아니라 하나님께서 손에 쥐어주신 일인데 왜 이런 결과가 왔는지에 대한 궁금증이 있었던 것입니다.

치열한 경쟁에서 승리할 수 있는 것은

오직 하나님이 부어주신 지혜로만 가능합니다.

_ 직접 디자인 설계한 아파트 모델하우스 현장에서

그렇게 정신없이 인천 현장과 서울 사무실을 왔다 갔다 하면서 바쁜 한 달을 보냈습니다. 일은 건설사와 마찰 없이 매끄럽게 진행되었습니다.

한 달 후 디자인을 평가하는 품평회를 하게 되었는데 감사하게도 우리 회사에서 진행한 집은 수정(修整) 사항이 거의 없이 통과되었습니다. 반면 다른 두 회사에서 진행한 집은 대대적인 수정을 하게 되었습니다. 저는 품평회를 하고 나서야 예인을 높이고자 하신 하나님의 뜻을 알 수 있었습니다.

결국 좋은 평가를 받았을 뿐 아니라, 해당 아파트가 그 해 최고의 청약률을 기록하여 계속 건설사와 협력업체로 일하는 계기가 되었습니다. 저는 아무것도 한 것이 없습니다. 주시는 이도 하나님이시고, 취하시는 분도 하나님이십니다. 하나님의 은혜에 고맙고 감사할 뿐입니다.

만일 하늘에서 주신 바 아니면
사람이 아무것도 받을 수 없느니라
요한복음 3:27

하나님의 뜻과 계획은 정말 놀랍습니다. 저는 눈앞에 있는 것만 생각했는데 하나님은 이미 먼 미래까지 염두에 두고 계셨던 것입니다.

사람이 마음으로 자기의 길을 계획할지라도
그 걸음을 인도하는 자는 여호와시니라
잠언 16:9

저는 이 일을 통해 '무지하고 어리석은 나는 그저 날마다 감사하고 기뻐해야겠구나'라는 생각을 했습니다. 한 치 앞도 내다볼 수 없는 내가 계획을 세우는 것은 오히려 하나님의 일에 방해만 됩니다. 나는 그저 주어진 하루에 최선을 다하고, 어떤 상황 속에서도 하나님께 감사해야 함을 다시 한 번 깨달았습니다.

세상과 구별된 삶을 살다

제 주변에 있는 크리스천 직장인들은 대부분 직장생활에 많이 지쳐 있습니다. 제가 그러했듯이 예배드릴 때는 충만한데 직장으로 돌아가면 업무와 인간관계에서 오는 스트레스와 경쟁 속에서 지치고 영적으로 눌릴 때가 많습니다. 사직서를 책상 서랍이나 가방에 넣어놓고 다니는 사람들도 많습니다.

직장은 치열한 영적 전쟁터입니다. 크리스천이면서 술, 담배의 유혹을 이기지 못하는 사람들도 의외로 많습니다. 제가 직장생활을 하면서 가장 힘들었던 부분 중 하나가 술 문화였습니다. 싫다고 하는데도 정말 끈질기게 권합니다. 폭탄주를 강제로 돌리기도 하고 술을 못 마시면 대놓고 "재수 없어"라고 말하는 사람도 있습니다. 크리스천 중에서 영업을 하려면 적당히 술을 마시면서 분위기를 맞춰야 한다고 말하는 사람도 있습니다.

얼마 전 품평회를 마치고 건설사와 인테리어 회사들이 뒤풀이를 한다고 또 술자리를 마련했습니다. 저는 월요일이라 말씀치유집회에 참석해야 해서 잠깐 동안 '영업상 술자리에 가야 하나, 집회에 가야 하나' 생각했습니다. 그러나 저에게는 하나님 일이 우선이었기에 모두에게 양해를 구하고 그 자리에서 나왔습니다.

"저는 술을 못 마시니까 다들 재밌게 놀다오세요."

조금 늦긴 했지만 집회에 참석하면서 기분이 좋았습니다. 왜냐하면 저에게는 든든한 회장님이 계시기 때문입니다. 성령님이 우리 회사의 회장님인데 무슨 걱정이 있겠냐는 생각에 찬양을 부르면서 교회로 향했습니다.

그런데 이틀 뒤에 그 건설사에서 연락이 왔습니다. 다음 프로젝트를 우리와 함께 진행하고 싶다는 내용이었습니다. 저는 전화를 끊고 나서 하나님께 감사를 드렸습니다. 하나님께서 하시는 일은 감동적이고 멋있습니다. 그분은 세상적인 방법과는 도저히 비교할 수 없는 놀라운 방법으로 일하십니다. 할렐루야!

이전에 저는 내 몸 하나 가누기도 벅찼던 사람입니다. 이웃을 도와주어야 한다는 목사님의 설교를 들을 때면 '나도 이렇게 하루하루 힘겹게 살아가는데 어떻게 남을 도울 수 있을까?'라고 생각하곤 했습니다.

교회 청년부에 들어가서 잠시 청년들과 교제를 갖기라도 하면 잘 지내는 척, 괜찮은 척 연기를 했습니다. 솔직하게 감정을 표현하고 대화를 나누어야 교제를 통해 치유도 되고 회복도 되는데, 저는 마음 문을 닫은 채 아무도 들어오지 못하게 했습니다. 교회에서든 회사 일로든 사람과의 만남 자체가 제게는 피곤한 일이었습니다. 겉으론 웃고 있었지만 제 자아는 속에서 늘 울고 있었습니다.

그런 슬픔이 완전히 제게서 떠나고 하나님의 사랑과 기쁨이 충만해지자 저는 더 이상 연기하지 않아도 되었습니다. 항상 기쁘고 즐겁고 모든 것에 감사가 넘쳤습니다. 모든 사람들이 예쁘고 사랑스럽게 보이기 시작했습니다. 결국 제 힘으로는 불가능한 이웃 사랑이 성령님의 통치함을 받으면서부터 가능해졌고, 하나님의 사랑이 나를 통해 흐르기 시작했습니다.

얼마 전 직장 상사와의 스트레스로 힘들어하는 선배 언니를 만났습니다. 언니와 저는 몇 년간 하나님 안에서 서로 격려하고 기도해온 특별한 사이입니다. 언니는 직장생활이 지옥 같다면서 '그만두고 쉬고 싶다'고 했습니다.

전에도 종종 그런 말을 할 때마다 저는 언니를 위해 기도하고, 좋은 말씀이 있으면 문자로 보내주곤 했습니다. 최근에 알게 된 사실은 언니가 제가 보낸 문자를 3년 동안 보관하고 있었고, 그 문자의 95퍼센트가 성경말씀이라는 것입니다.

저는 회사에서 중요한 위치에 있는 언니가 그곳의 킹덤빌더가 되기를 바라는 마음으로 함께 식사를 하고 기도를 했습니다. 성령님을 초청하고 제가 만난 성령님을 언니도 만나서 친밀한 교제를 나누기를 바라는 마음으로 간절히 기도했습니다. 우리는 기도하고 대화도 하면서 울고 웃으며 서로를 위해 기도해주었습니다.

그렇게 기도한 지 한 달 만에 언니의 삶에 놀라운 변화가 일어났습니다. 언니가 성령님을 만나 친밀한 교제를 나누기 시작한 것입니다. 저한테 일어난 증상이 언니에게 똑같이 나타났습니다. 저는 성령님을 만나고 좋아서 혼자 실실 웃을 때가 많았는데, 언니도 직장 상황이 변한 건 아무것도 없는데 기쁨이 넘치고 작은 일에도 감사의 고백이 흘러 나온다고 했습니다. 또 하루에 10분만 기도하는 것이 아니라 수시로 성령님과 대화하듯 기도하기 시작했다면서 기쁨과 감사의 고백을 했습니다.

항상 기뻐하라 쉬지 말고 기도하라 범사에 감사하라

이는 그리스도 예수 안에서 너희를 향하신 하나님의 뜻이니라

데살로니가전서 5:16-18

이제 언니는 자신을 괴롭히는 상사를 형제자매라고 생각하고 그 영혼을 위해 기도하고 있습니다. 경쟁자나 상사로 생각하면 스트레스도 받고 괴롭지만 형제자매라고 생각하니 불쌍히 여기게 되고, 후배들을 위해서도 한 사람씩 이름을 불러가면서 기도하고 있다고 합니다.

또한 언니는 저와 같은 인테리어디자이너로서의 한계와 부족함을 동일하게 느끼고 있었습니다. 그런데 영감(靈感)과 아이디어를 구하는 기도를 통해 하나님께서 부어주시는 놀라운 지혜와 영감으로 큰 은혜를 체험하고 있다고 합니다.

성령님 없는 직장생활은 갑옷을 입지 않고 전쟁터에 나가는 것과 같습니다. 혼자 힘으로 애쓰면 애쓸수록 직장생활은 지옥이 될 수밖에 없습니다. 성령님은 우리에게 때와 상황에 맞게 일대일 맞춤으로 지혜와 능력을 주시는 참 좋으신 분이십니다. 할렐루야!

기도 우선주의로 살기

저는 부끄럽게도 그동안 기도를 많이 하지 못했습니다. 주일 예배를 드리고 와서 주일 저녁에 기도하고, 월요일, 화요일까지는

30분 정도 기도를 합니다. 그러나 수요일부터는 일에 치이고 사람에 치여서 '기도해야 되는데…' 하면서 기도에 집중하지 못했습니다. 그래서 기도가 마음에 짐처럼 여겨졌던 것이 사실입니다.

저는 특히 데살로니가전서 5장에서 말하는 쉬지 않고 기도하는 것이 어떻게 가능할까 생각했습니다. 그러나 성령님이 저를 강력하게 통치하시는 삶을 살면서 그리스도 안에서 이 말씀이 가능하다는 사실을 깨닫게 되었습니다.

아침에 눈 뜨고 일어나면 제 안에서 기쁨과 평강이 몰려오면서 자연스럽게 "하늘 아빠, 사랑해요"라는 고백이 흘러나옵니다. 기도로 시작하는 하루는 정말 행복합니다. 아침에 샤워를 하면서 이렇게 기도합니다.

'머리에서 발끝까지 물로 깨끗이 씻듯이, 머리에서 발끝까지 주의 보혈로 깨끗하게 하시고 정결케 해주세요. 눈보다 더 희게 해주세요.'

그리고 출근 전 30분에서 1시간 정도 기도를 합니다. 기도하지 않고 회사를 간다는 것은 마치 총을 들지 않고 전쟁터에 나가는 것 같아서 회사에 지각하더라도 기도는 꼭 하고 출근합니다. 그리고 틈만 나면 계속 혼자서 중얼중얼 기도를 합니다. 주로 방언으로 기도하며, 찬양을 하기도 합니다. 엘리베이터를 기다리는 시간이나 걸어 다닐 때, 운전하면서도 기도가 나옵니다. 이때는 주로 감사기도가 나옵니다.

저는 차 안에서 찬양을 틀어놓고 기도할 때 기뻐서 혼자서 큰 소리로 웃을 때도 많습니다. 그렇게 회사에 도착하면 짧게 기도합니다.

'이 장소를 정결케 하시고, 악한 영이 틈타지 못하게 지켜주세요. 예수님의 보혈로 이 장소를 덮습니다.'

업무를 시작하고 일에 집중하다보면 가끔 하나님을 잊을 때도 있지만 생각이 날 때마다 기도합니다.

'하늘 아빠, 사랑해요. 감사해요. 고마워요.'

때론 하나님의 은혜와 사랑이 감사해서 일하는 도중에 화장실로 달려가서 눈물을 쏟고 오는 경우도 있습니다. 찬양을 듣다가도 감동이 오면 눈물부터 흐릅니다.

장시간 친구들과 전화할 때도 저의 귀는 상대방의 이야기를 듣지만 마음으로는 기도를 합니다. 이것은 일명 '삼자(三者) 통화'로, 둘이만 대화하면 왠지 제 안에 계신 성령님을 소외시키는 것 같아서 속으로 기도하는 것을 말합니다. 상대방을 위해 속으로 방언 기도를 하기도 합니다.

하루의 일과를 마치며 퇴근길에도 기도합니다.

"하루 동안 함께하신 하나님께 감사하고, 그리스도의 사랑 안에 충만하게 거할 수 있게 해주신 은혜에 감사합니다."

집에 와서 샤워하면서는 하루 동안 지은 크고 작은 죄들을 보혈로 씻어내는 기도를 드리고, 거룩한 지성소로 들어갑니다.

기도 골방에 앉으면 성령님의 임재하심이 저를 감싸는 기쁨을 날마다 누립니다. 하나님의 사랑이 방을 가득 채울 때면 저는 아무 말도 하지 않습니다. 그냥 조용히 하나님의 음성에 귀를 기울입니다. 그러면 성령님이 제가 말하지 않아도 저의 구할 바를 아시고 저를 위로하시며 기쁨과 평강을 주시고 비전을 심어주십니다. 저는 기도하면서 잠이 듭니다. 그리고 아침에 일어나면 너무 행복해서 마치 천국에 온 것 같은 기분입니다.

이제 기도는 저의 하루의 시작과 마침이며, 호흡이 되었습니다. 기도는 가장 큰 기쁨이고 행복이고 생명입니다. 저는 인테리어디자이너로서 최고가 되기보다는 기도에 있어서 최고가 되고 싶습니다. 세상에서 잘나가는 사람이 되기보다 하나님나라의 기도 전문가가 되고 싶습니다.

하나님께 연애편지를 쓰다

요즘은 누구나 미니홈피나 블로그를 하나씩 가지고 있습니다. 한창 미니홈피가 유행할 때에도 저는 그런 것과는 상관이 없었습니다. 일에 파묻혀 있기도 했고, 무엇보다 아무것도 자랑할 것이 없었습니다. 사진 찍는 것도 싫어했고, 사진을 홈피에 올리는 건 상상조차 할 수 없는 일이었습니다.

　질풍노도의 시기라고 불리는 사춘기 시절, 저도 외모에 관심이 많아졌고 그때는 어린 시절의 사진을 보는 것조차 싫었습니다. 어느 날 사진을 모두 찢어버렸고, 그때부터 사진 찍는 걸 싫어하게 되었습니다. 사진도 그렇지만 솔직하게 제 감정을 표현할 수 없는 상태였기 때문에 자연히 블로그나 미니홈피와는 담을 쌓고 살게 된 것입니다.

　그러나 성령님을 만나면서부터, 마치 사랑하는 연인들이 연애편지를 주고받듯이 저는 기도를 글로 남겨서 하나님의 사랑을 표현하기 시작했습니다. 다윗이 하나님을 향한 감사와 찬양을 시로 표현했듯이 저도 하나님을 향한 넘치는 감사와 찬양을 시로 표현하기 시작한 것입니다.

　저는 글재주가 없습니다. 그러나 사랑에 빠지면 누구나 시인이 된다는 말처럼, 저는 성령님과 대화를 주고받으면서 기도시를 적기 시작했습니다. 사랑을 표현하면 할수록 하나님을 향한 감사와 찬양이 넘쳐흘렀고, 기쁨과 평강으로 충만해졌습니다.

　저는 그 시들을 기독교 포털사이트인 갓피플닷컴 안에 있는 기도홈피(http://pray.godpeople.com/jesus75)에 올렸습니다. 저에게 있어 이곳은 성령님과의 만남 이후의 사랑의 발자취를 기록한 소중한 공간입니다.

더욱 감사한 것은 기도홈피를 통해서 온라인상에서 얼굴도 모르지만 서로 중보해주고 기도해주는 기도 동역자를 만난 것입니다. 저는 성령님과의 만남 이후 다양한 만남의 축복을 누리고 있습니다. 하나님께서는 손기철 장로님를 비롯한 기도의 용사들, 믿음의 용사들을 보내주시고 서로를 위해 기도하게 하셨습니다.

저는 중요한 기도제목들을 기도홈피에 올리고 중보를 요청하고, 믿음으로 담대하게 이루어질 것을 선포하면서 기도하고 있습니다. 특히 회사에서 중요한 프로젝트가 있을 때 이웃들에게 기도를 요청하고, 그 과정을 홈피에 올리면서 하나님이 나와 함께 일하시는 과정을 글로 올립니다.

하나님은 일을 지어 성취하시는 하나님이십니다. 저는 그 과정들을 다시 읽을 때마다 하나님의 은혜가 놀라움을 실감합니다. 또한, '날마다 간증이 넘치는 삶이 바로 이런 것이구나'라는 깨달음을 얻습니다.

예배의 불을 꺼뜨리지 말라

물질세계에도 만유인력의 법칙이 있듯이 영적세계에도 법칙이 있습니다. 콩을 심으면 콩이 나고 팥을 심으면 팥이 나듯이 무엇이든지 우리가 심는 대로 거두는 것은 영적세계에서도 동일합니다.

스스로 속이지 말라

하나님은 만홀히 여김을 받지 아니하시나니

사람이 무엇으로 심든지 그대로 거두리라

자기의 육체를 위하여 심는 자는 육체로부터 썩어진 것을 거두고

성령을 위하여 심는 자는 성령으로부터 영생을 거두리라

갈라디아서 6:7,8

사실 우리가 이 법칙만 깨달으면 날마다 믿음의 실체를 눈으로 볼 수 있습니다. 이것은 특별한 사람에게가 아닌 '누구에게나' 해당되는 하나님나라의 법칙이기 때문입니다.

저는 최근에 사무실 확장 이전 문제를 놓고 기도하게 되었습니다. 주변 환경을 바라보면 불경기에 부도가 나거나 사무실을 축소하거나 폐업하는 경우가 많습니다. 저도 처음에는 환경을 바라보고는 '사무실이 좁더라도 참고 일해야지'라고 생각했습니다. 그러나 일이 많아지면서 좁아서 일을 할 수 없는 지경에 이르렀습니다. 저는 하나님께 기도했습니다.

'하나님, 기도할 수 있는 사무실을 주세요. 일을 예배처럼 할 수 있는 장소를 주세요.'

저는 믿음으로 이미 그 장소에서 일하는 모습, 기도실에서 기도하는 모습을 머릿속에 그리면서 기도했습니다. 그리고 미리 감

사기도를 드렸습니다. 특별히 저는 아래 말씀에 대입해서 기도했습니다.

> 기록된 바 하나님이 자기를 사랑하는 자(효진)들을 위하여
> 예비하신 모든 것(예인 사무실)은 눈으로 보지 못하고
> 귀로도 듣지 못하고 사람의 마음으로도
> 생각지 못하였다 함과 같으니라
>
> 고린도전서 2:9

그리고 한 달 후, 세 배나 넓은 곳으로 이사할 수 있었고, 그곳은 제가 머릿속으로 꿈꾸던 사무실이었습니다. 천장이 높아서 다락방을 만들고 난간과 계단을 설치하여 기도할 수 있는 장소를 만들었습니다. 기도실은 마가 다락방에 비유하여 '예인 다락방'이라고 이름 지었습니다.

더욱 감사한 것은 손기철 장로님과 킹덤빌더들이 모두 오셔서 축하해주시고 함께 감사예배를 드린 것입니다. 기도 중 장로님은 "이곳에서 예배의 불을 꺼뜨리지 않게 해주세요"라고 기도하셨고, 저는 예배를 마치고 집에 와서 회개의 기도를 드렸습니다. 왜냐하면 이미 3년 전에 예배하고 찬양하는 사무실을 받았는데, 정작 한 번도 예배를 드리지 못했기 때문입니다.

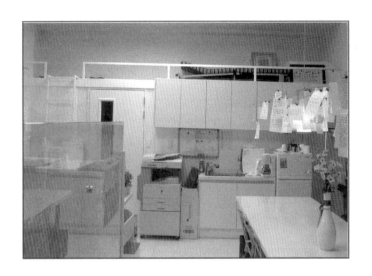

'기도할 수 있는 **다락방**이 있는 사무실,
일을 **예배처럼** 할 수 있는 장소를 허락하신 **하나님**, 감사합니다!'

저는 다음 날부터 직원들과 예배를 드리기 시작했습니다. 하루의 시작을 하나님께 드리는 아침 예배 시간에 부어주시는 은혜는 정말 놀랍습니다. 30분의 예배 시간이 너무 짧게 느껴집니다.

저는 하나님의 임재와 영광이 가득한 사무실이 될 수 있도록, 그리고 방문하는 모든 사람들에게 동일한 은혜가 임하도록 날마다 기도하고 있습니다.

중보기도의 기쁨

제 안에 오신 성령님께 전부를 드리고 저를 바친 이후 놀라운 변화들이 일어났습니다. 그중 하나가 중보기도입니다. 중보기도의 영역이 자꾸 넓어지기 시작한 것입니다. 때론 생각지도 못한 사람을 위해 기도하게 하시고 상대방을 위해 중보할 때 하나님의 마음을 부어주십니다.

고통과 슬픔 가운데 있는 사람을 위해 기도하면 하나님의 아픔이 느껴져서 성령님과 함께 울면서 기도하기도 합니다. 기쁨 가운데 있는 사람을 위해 중보할 때는 하나님의 기쁨이 제게도 충만해집니다. 악한 영에 사로잡힌 사람을 위해 기도할 때는 보혈기도와 대적기도를 하게 하십니다. 이 모든 기도는 제 스스로 하는 기도가 아니라 성령님이 제 안에서 하시는 기도입니다.

가끔 기도 중에 중보 대상자에게 주시는 말씀도 있습니다. 저는 기도하고 나면 잊어버릴까봐 메모를 하기 시작했습니다. 그 말씀이 소중하고 귀해서 가족들에게만 조심스럽게 하나님의 말씀을 전달하곤 했습니다. 가족들은 그 편지를 받고는 기뻐서 어쩔 줄 몰라 했습니다. 주는 자가 복되다고 하신 예수님의 말씀처럼 저는 편지를 전달할 때마다 제 안에 더 큰 기쁨이 넘침을 느꼈습니다.

얼마 전 일터에서 만난 동역자인 한 팀장님를 위해 중보기도를 하는데 하나님께서 또 말씀을 주셨습니다. 저는 바로 메모를 시작했는데 적다보니 A4 한 장에 가득 찼습니다. 저는 편지를 전달할 때 하나님께 꼭 여쭤보고 전달해주는데, 이날은 물어보기도 전에 그에게 전해주라는 마음을 주셨습니다. 메모한 내용을 이메일로 보낸 다음 날, 그 팀장님이 울면서 전화를 했습니다.

"효진 자매님, 귀한 말씀을 전달해줘서 감사합니다."

"팀장님, 저는 편지 배달부일뿐이에요. 저를 사용해주신 하나님께 제가 더 감사합니다."

"자매님을 통해 크신 하나님의 은혜를 입었습니다. 정말 고맙습니다."

팀장님은 자신을 향한 하나님의 크신 사랑에 감동하여 5분 동안이나 어린아이처럼 눈물을 흘리며 말했습니다. 저는 하나님의 편지를 전달하는 우편배달부로 쓰임받는 것이 참으로 감사하고 기쁩니다.

모든 기도와 간구로 하되 무시로 성령 안에서 기도하고

이를 위하여 깨어 구하기를 항상 힘쓰며

여러 성도를 위하여 구하고

에베소서 6:18

저는 한 기업의 대표로서 여러 직원들과 함께 일하고 있습니다. 그중 가장 일하기 편안한 사람은 제가 말하지 않아도 일을 알아서 하고 일을 시켰을 때 바로 순종하는 사람입니다. 그런 직원에게는 크고 작은 일들을 마음 놓고 맡길 수 있습니다. 불평이 많은 직원보다는 순종하는 직원에게 일을 더 주게 됩니다.

어떤 직원들은 일을 시켰을 때 "이 일을 꼭 해야 하나요? 저는 이거 못해요"라고 말하는 사람이 있습니다. 혹은 못한다는 말은 하지 않아도 불만이 가득한 표정으로 일하는 사람들도 많습니다. 이런 직원과 일하는 것은 참 불편합니다.

하나님 앞에서 우리도 마찬가지라고 생각합니다. 저는 하나님 앞에서 오직 순종함으로 하나님이 쓰시기 편하게 해드리고 싶습니다. 때론 시키지 않아도 아빠의 마음을 알아채고 일함으로써 하나님을 감동시키는 딸이 되고 싶습니다.

저는 쓰임받음에 있어 하나님 앞에 밥그릇 같은 딸이 되고 싶습니다. 언제 사용해도 부담없이 제일 자주 사용하는 그릇이 바로 밥그릇입니다. 반대로 와인잔이나 고급 그릇은 깨질까봐 자주 사용하지도 못하고 장식장에 주로 들어가 있습니다. 보기는 좋으나 사용하기는 어려운 그릇보다는 밥그릇처럼 날마다 쓰임받는 딸이 되고 싶습니다. 나아가 날마다 하나님께 감동의 눈물과 기쁨을 선사하고 싶은 것이 저의 가장 큰 소망입니다.

> 그 주인이 이르되 잘하였도다 착하고 충성된 종아
> 네가 작은 일에 충성하였으매 내가 많은 것으로 네게 맡기리니
> 네 주인의 즐거움에 참예할지어다 하고
>
> 마태복음 25:21

빈 배로 오신 주님

주여 내 인생의 빈 배로 오시옵소서.
나와 동행하여 주소서.

주가 앉으실 자리가 없을 만큼
세상의 자랑과 정욕으로 가득했던
내 인생의 배를 비웁니다.

주여 나를 깊은 바다로 인도하소서.
깊은 흑암과 풍랑 속에서
그물을 던지라 명하소서.
제가 바다에 던져야 할 그물이 무엇입니까?
주를 위해 바다에 버리겠나이다.

주여 제가 버린 그물 속에
당신의 잃어버린 영혼을 담게 하소서.
주여 제가 던진 그물 속에
당신이 울며 찾으시는 한 영혼을 담게 하소서.

주여 제가 바다 속에 던져야 할 것이
나의 생명이라면
주를 위해 나를 버리겠나이다.
내가 물고기 밥이 되더라도
주를 위해 나를 버릴 것입니다.

주여 내 인생의 빈 배에 오시옵소서.
나와 동행하여 주소서.

_6

새로운

꿈과 비전

삶의 좌표가 바뀌다

최근에 대형 건설사 프로젝트를 수주하면서 영업사원들이 우리 회사에 오면 매우 의아해 하는 표정을 지을 때가 많습니다. 어떻게 이런 작은 회사가 대기업과 일을 할 수 있게 되는지, 구체적으로 그 프로젝트를 어떻게 수주했는지 궁금해 합니다. 가끔 어떤 분들은 호기심을 이기지 못하고 물어보기도 합니다.

"어떻게 이 프로젝트에 당선되셨어요? 혹시 무슨 백(back)이 있으세요?"

"하하! 저는 아주 큰 백이 있어요."

"아하, 역시 그러셨군요."

"하나님 백이요."

이렇게 말하면 대부분 아무 말도 못합니다. 믿지 않는 사람들 앞에서 하나님을 높이고 하나님을 자랑할 기회를 잡은 저는 정말 즐겁습니다. 나의 모든 자신감은 오직 하나님으로부터 오는 것이고, 하나님께서 나와 함께하시니 저는 두려움이 없습니다.

저는 하나님께서 내게 주신 일터에서 하나님께서 주시는 영성으로 이 땅을 정복하고 다스리는 자로 쓰임받고 싶습니다. 직원들도 제가 부리는 사람이 아니라 하나님께서 맡기신 하나님의 자녀라고 생각하고 한 사람씩 기도해주고 있습니다.

전에는 직원들의 실수가 용납되지 않았습니다. 제가 했던 방식대로 직원들이 일하기를 바랐고, 그들의 조그만 실수에도 짜증이 나곤 했습니다. 그러나 요즘은 웃으면서 직원들과 일합니다. 제 안에 '실수할 수도 있지' 하는 너그러움과 여유가 생겼습니다. 어떨 때는 실수해서 허둥대는 모습이 귀엽고 사랑스러워 보일 때도 있습니다. 야단치고 나무라는 대신에 더 격려해주고, 그 직원을 위해 기도했습니다. 그리고 꿈과 비전을 직원들에게 심어주기 시작했습니다.

디자인이 좋아서 시작하는 많은 신입사원들이 사람과의 관계와 힘든 업무로 인해 중간에 포기하는 경우가 많습니다. 교회를 다니던 직원들도 주말까지 일해야 하는 경우가 생기고 일이 너무 힘들기 때문에 교회를 떠나 세상 속으로 빠져 들어가는 경우도 많습니다.

저는 회사를 선교지로 생각하고 있습니다. 일과 사람과의 관계에 지친 사람들을 보내주시면 그 사람들에게 하나님의 사랑을 전하고 킹덤빌더로 훈련시켜, 그들이 가는 곳마다 하나님나라가 임하고 점점 그 나라가 확장되게 하는 것이 저의 새로운 비전입니다.

킹덤빌더가 되기 위해

성령님을 만난 이후 저는 구름 속을 날아다니는 기분이었습니다. 행복하고 기뻐서 세상을 다 얻은 것 같았습니다. 머리로만 믿었던 "여기 있다 저기 있다고도 못하리니 하나님의 나라는 너희 안에 있느니라"(눅 17:21)라는 말씀이 실제로 저에게 일어났습니다. 제 안에 임한 하나님나라는 한순간에 저의 모든 사고체계를 바꾸어놓았습니다. 이해하기 어려웠던 성경말씀들도 이해되기 시작했습니다.

저는 성령의 강물에 푹 빠져 점점 일하는 것에 흥미를 잃기 시작했습니다. 일할 시간에 인터넷으로 여러 목사님들의 말씀을 듣기도 하고, 성경책을 읽기도 했습니다. '일해야 하는데…' 하면서도 한편으로는 '하나님께서도 내가 성경책 보고 말씀 듣는 걸 좋아하실 거야'라며 스스로의 행동을 변명하기도 했습니다. 게다가 수요예배와 금요철야예배를 가느라 할 일을 다 못하면 다른 직원에게 미루기도 했습니다.

그렇게 3개월 정도 지난 어느 날, 늘 저를 위해 기도하는 새언니에게서 전화가 왔습니다.

"고모, 하나님께서 고모한테 열심히 일하라고 전해달래요."

저는 새언니의 말에 깜짝 놀랐습니다. 새언니는 미국에 있으니 제가 열심히 일하는지 안 하는지 전혀 모르기 때문입니다. 결국 성령님께서 제 행동을 보시고 새언니에게 책망의 말씀을 전하신 것입니다.

저에게 이 사건은 큰 충격이었습니다. 마치 나쁜 짓을 하다가 들킨 기분이었습니다. 저는 하나님께 회개의 기도를 드리고 업무 시간에는 성경책을 읽지 않고 아침에 회사에 일찍 출근해서 성경책을 읽거나 말씀을 듣기 시작했습니다.

가끔 제 주변에 보면 하나님을 열심히 믿는 사람들 중에 자신이 할 일은 소홀히 하면서 "하나님께서 다 해결해주실 거야. 나는 그렇게 믿어"라고 말하는 사람들이 있습니다. 그리고는 자신의 할 일을 다른 사람에게 미루고 본인은 예배드리러 갑니다. 그런 크리스천들을 보면서 '나는 절대 저러지 말아야지'라고 다짐했었는데 제가 그런 사람이 되고 말았습니다.

저는 성령님께 책망의 말씀을 들은 후 바로 행동을 고쳤습니다. 하나님께서 나에게 원하시는 건 일할 시간에 열심히 일하는 것이라는 사실을 알게 하심에 감사했습니다.

저는 CEO 킹덤빌더스쿨을 통해 직장에서 어떻게 그 땅을 정복하고 다스려야하는지를 배웠습니다. 킹덤빌더스쿨은 이 땅에 도래한 하나님나라를 알고(눅 12:32 참조), 그 나라에 침노해 들어가(눅 16:16 참조), 하나님나라의 친백성의 삶을 실제적으로 살기를 소망하는 성도들을 훈련시키는 곳입니다.

제가 그곳에서 배운 것은 혼자만 알고 있기에는 놀라운 말씀이었기에 제 주변의 크리스천 직장인들에게 그 진리들을 전하기 시작했습니다.

또 한번은 하나님의 은혜를 깊이 체험하면서 신학(神學) 공부를 하고 싶은 생각이 잠시 들었습니다. 내 마음이 하나님을 위해 살고 싶다는 소망으로 가득찼던 것입니다. 그런데 킹덤빌더스쿨에서 손기철 장로님께서 말씀하셨습니다.

"이분법적인 헬라 사고방식의 틀을 깨십시오. 돈 버는 일은 세속적이고, 예배는 성스러운 것이라는 생각은 이원론(二元論)적인 사고방식입니다. 이 땅에 속한 모든 것이 하나님의 것이고 우리가 할 일은 자신이 속한 분야, 즉 일터에서 그 땅을 정복하고 다스리는 것입니다. 여러분이 일터를 떠나 모두 교회로 모이면 이

ⓒ 주명규

열심히 일하는 내가 바로 일터에서 **킹덤빌더**이고,

왕 같은 제사장입니다.

땅은 누가 다스립니까? 교회에는 주일에 모여서 예배드리는 모이는 교회와 성도들이 흩어져서 각자의 일터에서 모이는 교회의 두 가지 형태가 있습니다."

저는 이 말씀을 들으면서 마치 망치로 머리를 맞은 것 같았습니다. 이 설교를 듣고 '내가 바로 킹덤빌더, 즉 하나님나라를 건설하는 거룩한 용사구나'라는 자부심이 생기고, '신학대학은 안 가도 되겠구나'라는 생각을 하게 되었습니다.

'내가 바로 킹덤빌더이고 왕 같은 제사장'이라는 깨달음 이후 저는 모든 행동과 말을 더욱 조심하기 시작했습니다. 제가 하는 일이 아파트 설계이다 보니 많은 영업사원들이 저희 회사를 방문합니다. 다양한 신제품 중에서 한 가지만 아파트에 적용해도 그 회사에 큰 이익이 되기 때문에 낮은 자세로 고개를 숙이고 들어오는 경우가 다반사입니다.

예전에는 그런 영업사원들의 모습이 당연했습니다. 하지만 킹덤빌더로서 의식이 생기자 그 사람들 앞에서 더 낮은 모습으로 겸손하게 서야겠다는 생각이 들면서, 커피도 대접하고 그들의 힘든 이야기도 들어주면서 마음속으로 그 영혼을 위해 기도하게 되었습니다.

가끔은 그들이 하나님께서 제게 보내주신 물고기라는 생각도 듭니다. 예수님께서 깊은 바다로 가서 그물을 던지라고 명하셨고,

제자들이 순종하자 그물이 찢어지도록 많은 물고기를 잡았듯이, 그들이 제게 보내주신 잃어버린 하나님의 어린 양이라면 하나님 나라로 들어올 수 있도록 해야겠다는 사명감이 생겼습니다.

동역자 중에 광고계에서 일하고 있는 형제가 있습니다. 저는 그 형제로 인하여 미디어(media)가 하나님나라를 광고하고 선전하는 쪽으로 변하기를 소망하며 기도했습니다. 지금 그 형제는 자신이 가진 재능을 하나님나라를 위해 헌신해야겠다면서 광고회사를 만들려고 준비하고 있습니다.

제 주변에는 이렇게 많은 영혼들이 있고 저는 그들에게 하나님나라를 이루어가는 킹덤빌더의 삶이 무엇인지 전하고 싶습니다.

헤븐리 디자이너의 꿈

제가 처음 다닌 회사에서는 사찰(寺刹) 디자인을 종종 했습니다. 전에는 그 일이 아무렇지도 않았는데, 하나님을 만난 후로는 우상 숭배하는 절을 설계하는 것이 괴로웠습니다. 그래서 그 회사를 그만두고 다른 회사로 옮기면서 막연하게 교회인테리어를 할 수 있는 길을 열어달라고 기도하곤 했습니다. 그런데 하나님께서는 생각지도 못한 아파트 설계 전문가로 저를 훈련시키셨습니다.

외국과는 달리 우리나라는 얼마 전까지 인테리어 설계비의 개념이 없었습니다. 인테리어는 시공하면 당연히 서비스로 해주는 것으로 알았는데, 몇 년 전부터 아파트 세대 설계가 전문화되면서 대기업에서 설계비를 주기 시작했습니다.

저는 주로 대기업을 상대로 일하면서 개인을 상대로 하는 일보다는 더 체계적이고 전문적으로 일하게 되었고, 아파트 건설사들이 서로 브랜드로 경쟁하게 되면서 그 틈새시장을 겨냥하여 사업 파트너와 함께 연구와 설계가 가능한 인테리어회사를 만들게 된 것입니다.

저희 회사를 방문하는 업체들은 정말 좋은 시기에 독립했다고 어쩌면 그렇게 운이 좋으냐고 말합니다. 그때마다 저는 하나님께서 인도하셨고, 하나님께서 주신 축복이라고 말합니다. 제가 한 것은 없습니다. 하나님께서는 당신의 뜻과 계획대로 한 걸음씩 저를 인도하셨습니다.

저는 최근에 집을 설계하는 것이 결국은 인간이 머무는 공간이고, 우리 각자의 몸이 성전이듯이 우리의 몸이 쉬는 집 또한 교회이고, 가정교회가 결국 모든 교회의 기초임을 깨닫게 되었습니다. 하나님은 온 우주에 편재(遍在)하시는데 교회인테리어만이 하나님께 영광 돌리는 일이 아님을 깨닫게 된 것입니다. 결국 편안하고 아늑하고 아름다운 집이 인간에게 가장 필요한 공간이고, 아름다운 디자인을 통하여 사람들이 기뻐하고 행복해질수 있다는 생각이 들었습니다.

겉모습만 화려하고 아름다운 집이 아니라 그 집에 사는 것만으로도 아픔이 치유되고 가족이 회복되는 집을 설계하는 것이 저의 꿈입니다. 실제로 그런 집을 설계하는 것이 가능합니다.

가족 간에 서로 대화가 이루어질 수 있도록 거실과 주방이 오픈된 구조라든가, 자녀방과 거실을 기둥 구조로 설계하여 원하는 대로 벽을 막을 수도 있고 틀 수도 있는 가변형(可變形) 구조로 설계하여 자녀와 부모간의 대화와 친밀함이 가능한 공간을 만들어 주면 됩니다. 엄마는 주방에서 일만 하고 아빠는 거실에서 TV만 보는 것이 대부분 가정의 라이프스타일이지만 구조를 바꾸면 자연스럽게 가사 분담과 즐거운 대화가 가능해질 것입니다.

또한 작은 평형에 사는 사람들은 많은 살림살이로 인해 스트레스를 받습니다. 아침이면 회사에 출근하는 남편과 학교에 가는 자녀들은 대부분 물건이 어디에 있는지 찾느라 전쟁입니다. 잘 정리할 수 있도록 수납 계획을 미리 해주면 스트레스와 다툼이 없는 가정이 되고 싸움의 횟수도 줄어들게 될 것입니다.

어둡고 음산하게 디자인하면 그곳에 사는 사람들도 우울해지지만, 밝고 산뜻하고 따뜻한 분위기로 설계하면 그곳에 사는 사람의 마음까지 밝아집니다. 제가 일명 '헤븐리 하우스(heavenly house)'라고 이름 지은 이 집은 천국에 온 것 같은 포근함과 따스함이 느껴지고 그리스도의 향기가 배어나는 그런 집입니다. 이러한 집이자

겉모습만 화려하고 아름다운 집이 아니라
그 집에 사는 것만으로 아픔이 치유되고 회복되는 헤븐리 하우스의 꿈.

_직접 디자인 설계한 아파트 내부

교회가 되는 인테리어디자인으로 하나님을 기쁘시게 해드리고 싶습니다.

더불어 하나님께서 허락하신다면 성전 건축을 꼭 하고 싶습니다. 나의 능력과 재능이 아니라 하나님께서 보여주시는 모형대로 본 것을 손으로 그려내고 설계하는 디자이너가 되고 싶습니다.

> 인자야 내가 네게 보이는 그것을 눈으로 보고 귀로 들으며
> 네 마음으로 생각할지어다
> 내가 이것을 네게 보이려고 이리로 데리고 왔나니
> 너는 본 것을 다 이스라엘 족속에게 고할지어다
>
> 에스겔서 40:4

하나님의 영에 감동되어 나온 디자인, 즉 기름부으심이 넘치는 디자인으로 문화사역자를 꿈꿔봅니다. 문화선교 중에서도 디자인선교로 하나님의 임재하심이 가득한 아름다운 교회디자인으로 하나님께 영광 돌리고 싶습니다. 신세대들을 교회로 끌어들이는 디자인으로, 그들이 친구들에게 자랑하고 싶은 교회디자인으로 세상의 감각적이고 세련된 문화에 익숙한 사람들에게 문화적으로 접근하고 싶습니다.

어느 세상의 이름난 카페보다 더 가고 싶은 교회 카페로, 교회

디자인이 세상 속으로 침노해가고 오히려 세상의 문화와 디자인을 이끌어갈 수 있도록 돕는 디자이너가 되고 싶습니다.

하나님나라 유능한 청지기의 꿈

제가 시골에서 자랄 때는 가난하다고 생각해본 적이 한 번도 없었습니다. 오히려 집에서 슈퍼마켓을 운영했기 때문에 시골의 친구들에 비해서는 부족함이 없다고 생각했습니다. 그런데 서울로 오면서 저는 상대적 빈곤을 느끼기 시작했습니다. 가난에서 벗어나기 위해서는 그저 열심히 일하고, 아껴 써서 돈을 모으는 방법이 최선인 줄로 알았습니다. 하지만 서울에서 부자를 꿈꾸는 것은 마치 오를 수 없는 나무를 바라보는 것과 같았습니다.

저는 가난했고, 월급 100만 원을 바라보면 희망이 보이지 않았습니다. 아마 다시 교회로 돌아가 목사님의 말씀을 듣지 못했더라면 저는 매년 조금씩 인상되는 월급에 만족하고 안주했을지도 모릅니다.

하지만 저는 축복의 땅, 가나안에 들어가서 하나님의 축복을 누려야겠다고 생각했고 믿음으로 부유한 모습을 바라보고 기도했습니다. 그래서 '30대에 큰 부자 되기'라는 기도제목을 가지고 기도하기 시작했습니다. 저는 하나님의 자녀이고 하나님은 부유하신 아버지이십니다. 하나님은 제가 풍성하여 나누어주는 일에 인색하지 않고, 착한 일을 넘치게 하며 하나님나라의 풍성한 축복을 누리길 원하심을 믿고 열심히 기도했습니다.

> 하나님이 능히 모든 은혜를 너희에게 넘치게 하시나니
> 이는 너희로 모든 일에 항상 모든 것이 넉넉하여
> 모든 착한 일을 넘치게 하게 하려 하심이라
>
> 고린도후서 9:8

30대에 큰 부자의 꿈은 사실 그 동기가 순수하지만은 않았습니다. '세계적인 거부 록펠러처럼 멋지게 물질을 흘려보내면서 살아야지' 하는 숨겨진 동기에는 '누구도 나를 무시할 수 없는 부자가 되어야겠다'라는 생각도 있었습니다.

그러나 세상으로 향했던 이러한 나쁜 동기들은 제가 성령님을 만나면서부터 불에 타듯이 모두 소멸되고, 오히려 그런 열정과 소망이 그리스도 안에서 하나님께 영광 돌리고 그리스도를 존귀하게 하고 싶은 소망으로 바뀌었습니다.

> 나의 간절한 기대와 소망을 따라
> 아무 일에든지 부끄럽지 아니하고 오직 전과 같이
> 이제도 온전히 담대하여 살든지 죽든지

내 몸에서 그리스도가 존귀히 되게 하려 하나니

빌립보서 1:20

하나님나라의 유능한 청지기의 꿈, 어쩌면 이것은 꿈꾸어야 할 것이 아니라 하나님나라에서는 당연한 축복입니다. 왜냐하면 성경 속에서 수많은 하나님의 자녀들이 풍성한 축복을 누렸기 때문입니다.

제 통장 잔액으로 볼 때 이 꿈은 아직 이루어지지 않았습니다. 다만 내가 머릿속으로 그리는 믿음의 세계에서는 저는 이미 부요한 사람입니다. 이것은 공상도 아니고 단순한 환상도 아닙니다. 하나님께서 부어주시는 물질로 하나님나라의 풍성한 삶을 누릴 뿐만 아니라 그 물질로 하나님나라를 건설하는 데 사용하는 것을 바라보며 기도하고 있습니다.

하나님의 물질을 잘 관리할 청지기를 찾고 계신 하나님 앞에서 두 손을 번쩍 들고 외칩니다.

'하나님, 저를 사용해주세요. 제가 하고 싶어요. 세상으로 향했던 모든 열정들을 하나님나라를 위해 불태우고 싶어요.'

사업을 하면서 월급을 받을 때보다는 수입이 많아졌고 하나님은 그 시점에서 '하나님나라에서 돈은 이렇게 쓰는 거란다'라고 아주 친절하고 자세하게 가르쳐주셨습니다. 저는 천 원도 하나님께 드리기 아까워했던 사람인데 지금은 1억을 드리는 것도 전혀 아깝지가 않습니다.

이제 더 큰 헌금, 무엇보다 제 삶 전부를 드리고 싶습니다. 늘 새 일을 행하시는 하나님을 바라보며 저는 날마다 기대감으로 살아갑니다. 광야 같은 제 인생을 리모델링하시기 위해서 하나님은 언제나 열심히 일하십니다. 그러니 저도 더 열심히 일할 것입니다.

보라 내가 새 일을 행하리니 이제 나타낼 것이라

너희가 그것을 알지 못하겠느냐

정녕히 내가 광야에 길과 사막에 강을 내리니

이사야서 43:19

하늘의 꿈을 전하는 자

저는 교회에 다니면서도 혼자서 주일예배만 드렸기 때문에 형제자매들과 교제를 나눠본 적이 없습니다. 아웃리치(out-reach, 선교를 겸한 봉사활동)나 수련회를 가본 적이 없었습니다. 정신없이 앞만 보고 달려오다 보니 주변 사람들을 돌아볼 여유도 없었고, 무엇보다 내 한 몸 지탱하는 것만으로도 너무 벅찼습니다.

그러나 성령님을 만난 후로 형제자매와의 교제가 정말 행복하고 즐겁습니다. 요즘은 하나님의 은혜를 나누다보면 시간이 금방 지나갑니다. 제가 이렇게 수다스러운 사람인지 처음 알았습니다. 늘 말하는 것보다 듣는 걸 좋아했고, 그게 편했습니다. 무언가를 말하는 것만으로도 쉽게 지치고 피곤했습니다. 그러나 요즘은 제가 받은 은혜를 사람들에게 전하다보면 하루 종일 떠들어도 지치지 않습니다.

예전에 성령충만한 오빠와 남동생이 밤새도록 하나님의 사랑과 은혜에 대해 이야기하는 모습을 보면서 의아할 때가 많았습니다.

'뭐가 좋아서 저렇게 밤 늦도록 하나님 이야기만 할까?'

그런데 이제는 성령충만한 사람의 특징 중 하나가 '수다'임을 알게 되었습니다. 은혜받은 사람은 조용히 있을 수가 없습니다. 이웃에게 그 사랑을 전하고 싶고 나누고 싶은 것이 자연스러운 현상입니다.

2008년 8월, 황금 같은 휴가 기간에 평소 잘 알고 지내던 집사님으로부터 소년원 사역에 함께 가자는 제안을 받았습니다. 휴가 때 아빠가 계신 시골집에 가족들 모두 모여서 오랜만에 휴식을 가지려고 생각하고 있었습니다. 그런데 이제는 제가 하고 싶은 대로 사는 게 아니라 하나님이 원하시는 대로 살고 싶었고, 무엇보다 저는 소년원의 아이들과 휴가를 함께 보내고 싶어졌습니다.

소년원에서의 첫날, 저는 그곳에 있는 아이들을 보자마자 왈

칵 눈물을 쏟고 말았습니다. 소년원에 오는 아이들 대부분이 이혼 가정, 한부모 가정, 고아라는 사실에 저는 너무나 마음이 아팠습니다. 행복한 가정을 주셔서 세상으로부터 나를 지키시고 보호해 주신 하나님의 은혜에 대한 감사가 절로 나왔습니다.

셋째 날 집사님께서 아이들에게 간증을 해달라고 하셔서 제 생애 첫 간증을 소년원에서 하게 되었습니다. 10분 정도의 짧은 간증이었지만 제 눈에서는 처음부터 끝까지 눈물이 멈추지가 않았습니다. 아이들에게 꿈과 희망을 전하고 싶었는데 어쩌다보니 눈물만 흘리다가 간증을 마쳤습니다. 그런데 쉬는 시간이 되자 많은 아이들이 저에게 와서 "누나, 너무 예뻐요", "누나를 위해서 기도할 게요"라고 말하는 것이었습니다.

그중에서도 한 아이를 평생 잊을 수 없을 것 같습니다. 그 아이는 선생님께 혼이 나면서까지 테이블 장식을 위해 꽂아놓은 조화(造花)를 뽑아, 작고 예쁜 꽃다발을 만들어서 제게 주었습니다.

"누나, 힘내세요. 누나는 이 꽃보다도 아름다워요."

제가 평생 받은 그 어떤 꽃보다도 아름답고 소중한 꽃다발이었습니다. 아이의 꿈은 국사(國史) 선생님이라고 했습니다. 저는 아이에게 나중에 꿈을 이루면 꼭 찾아오라고 했습니다.

제가 예전에 대학원에 다닐 때 실무를 하시면서 대학에서 강의를 하시는 교수님이 멋있게 보여서 저도 강단에 서보고 싶다는

"누나는 이 꽃보다도 아름다워요!"

_ 소년원에서 받은 꽃다발

소망을 가진 적이 있었습니다. 그런데 하나님께서는 제 소망을 잊지 않으시고 사업 파트너를 통해 대학에서 강의를 할 수 있게 해주셨습니다.

처음 강의 제안을 받았을 때는 부담스러웠습니다. 바빠서 못하겠다고 거절하긴 했지만 사실은 학생들 앞에 설 자신이 없었습니다. 학생들이 나를 어떻게 생각할지 두려웠던 것입니다. 그 후 1년이 지나고 다시 강의 제안이 들어왔을 때 제 머릿속에 떠오른건 단 한 가지였습니다.

'학생들에게 내가 만난 하나님을 전하고 꿈과 희망을 주어야겠다.'

그래서 백석대학교 기독교인테리어디자인학과 수업을 하게 되었습니다. 강의 첫날 약간은 떨리는 마음으로 학생들 앞에 서서 말했습니다.

"하나님의 꿈을 품고 최고의 디자이너가 되기 위해 최선을 다해 공부하세요. 요즘 같은 외모 지상주의 사회 속에서 제가 꿈을 이루었다면 여러분도 할 수 있습니다. 꿈과 비전을 가지세요."

다행히 학생들에게 저의 이런 말이 도전이 되었는지 열심히 수업에 임해주고 있습니다. 과의 특성상 자연스럽게 하나님을 전할 수 있어서 기쁘게 강의를 하고 있습니다. 과목도 '현대 교회와 인테리어'이기 때문에 성경말씀으로 디자인 콘셉트(concept)을 잡고, 예수 그리스도의 사랑을 교회디자인에 적용하려고 노력하고 있습니다.

저를 이 모양 저 모양으로 써주시는 하나님께 감사합니다. 쓰임받는 것이 이렇게 기쁜 줄 미처 몰랐습니다. 하나님께서 세상 끝날까지 저와 함께하시겠다고 말씀하신 후 제 삶은 온전히 하나님께서 통치하시는 삶으로 바뀌었습니다. 날마다 간증이 넘치고 새로운 일들로 가득하니 하루하루 기대감으로 살아갑니다.

'오늘은 또 어떤 일이 일어날까? 어떤 사람을 만나게 하실까? 어디로 인도하실까?'

하나님께서 통치하시고 다스리시는 제 삶은 염려, 근심, 걱정이 전혀 없고 오직 기쁨, 평강, 희락만이 넘칠 뿐입니다. 이 모든 일을 행하신 하나님 한 분만을 찬양합니다.

미스 헤븐의 기도제목

저에게는 다섯 가지 기도제목이 있습니다.

첫째는 화상 치유를 위한 기도입니다. 사실 치유에 대해서는 포기한 상태였습니다. 그러나 말씀치유집회를 다니면서 치유에 대한 소망이 다시 생겼고, 이것은 저의 당연한 권리라는 생각이 들었습니다. 이사야서에 분명히 "그가 채찍에 맞음으로 우리가 나음을 입었도다"(사 53:5)라고 말씀하셨기 때문입니다. 이것은 저의 믿음 이전에 이천 년 전에 예수님께서 이루신 일입니다.

비록 실체가 나타나진 않았지만 내 마음의 눈으로 볼 때는 이미 나은 것이기 때문에 더 이상 슬프지도 낙심하지도 않습니다. 만약 믿음의 실체인 화상 치유가 이루어지지 않을지라도 그것이 내게 아무런 영향을 미치지 못합니다. 내 마음은 화상 입은 이 얼굴에도 불구하고 기쁘고 행복하기 때문입니다. 게다가 '나는 내 것이 아니고 하나님의 것'이기에 하나님의 절대주권에 모든 것을 맡겼습니다.

단지 제 마음에 소망하는 것이 있다면, 치유의 실체를 통해 하나님의 살아 계심을 알리고 싶습니다. 그러나 예수님께서 십자가에 달리시기 전에 아버지의 뜻대로 이루시기를 기도하셨듯이 저도 나의 뜻이 아니라 오직 하늘 아빠의 뜻대로 하시기를 원합니다.

가라사대 아바 아버지여 아버지께는 모든 것이 가능하오니
이 잔을 내게서 옮기시옵소서
그러나 나의 원대로 마옵시고 아버지의 원대로 하옵소서 하시고
마가복음 14:36

둘째는 하나님이 예비하신 배우자를 만나 신앙의 명문(名門)

가정을 이루는 기도입니다. 비록 실패로 끝냈지만 저는 첫사랑의 결론을 이렇게 내렸습니다.

'나도 하나님께서 예비해놓은 배우자를 만나서 아름다운 신앙의 명문 가정을 이룰 수 있다.'

저는 하나님께서 중매자가 되셔서 제 갈비뼈의 주인을 찾아달라고 기도하고 있습니다. 없는 것을 있는 것처럼 부르시는 하나님을 흉내 내며 눈에 보이지 않는 배우자의 별명을 용호[호(虎)랑이처럼 용(勇)맹함] 씨라 부르며 기도하고 있습니다. 자식이 없는 아브람을 '열방의 아비'라는 뜻의 아브라함으로 부르신 하나님은 저의 아빠이고 저는 그분의 존귀한 딸이니 하늘 아빠의 유전인자를 따라 저는 기도할 뿐입니다. 또한 기도에 응답하시는 것은 하나님의 몫이기에 저는 당당하게 구하고 있습니다.

> 지금까지는 너희가 내 이름으로 아무것도 구하지 아니하였으나
> 구하라 그리하면 받으리니 너희 기쁨이 충만하리라
>
> 요한복음 16:24

셋째는 하나님께서 맡겨주신 사업장인 예인건축연구소를 위한 기도입니다. 하나님은 저에게 인테리어디자인이라는 달란트를 주셨고, 저는 최대한 많은 이윤을 남겨서 하나님나라를 위해

사용해야 하는 청지기입니다. 비록 시작은 미약하지만 나중은 심히 창대하리라는 말씀처럼 저는 세계 최고의 인테리어디자인 회사를 꿈꾸며 기도하고 있습니다. 제 힘과 노력으로 이루는 것이 아니라 하나님께서 제 안에서 그 일을 이루어주실 것이라고 믿고 있습니다. 제게 일은 더 이상 노동이 아닙니다. 성령님께서 영업해주신 일을 하면서 저는 환호성을 지릅니다. 제가 전혀 상상하지 못한 방법으로 영업해주시고 경영해주시기 때문입니다. 저는 열방을 바라보며 세계적인 인테리어디자인 연구소를 바라보며 기도하고 있습니다.

> 이것이 온 세계를 향하여 정한 경영이며
> 이것이 열방을 향하여 편 손이라 하셨나니
> 만군의 여호와께서 경영하셨은즉 누가 능히 그것을 폐하며
> 그 손을 펴셨은즉 누가 능히 그것을 돌이키랴
>
> 이사야서 14:26,27

넷째는 치유사역자가 되기 위해 기도하고 있습니다. 하나님은 이루지 못한 의사의 꿈 대신 치유사역자라는 새로운 꿈을 주셨습니다. 제 자신이 받은 은혜가 크고 그리스도 안에서 자유를 얻고보니 눌린 자들이나 병든 사람들을 보면 참 마음이 아픕니다.

말씀치유집회에서 휠체어에 앉아서 일어나거나 걷지 못하는 사람들이 걷는 모습을 볼 때면 눈물이 쏟아집니다. 하나님의 임재가 가득한 곳에서 성령님이 임하고 말씀이 선포될 때 치유되는 사람들과 자유함을 얻는 사람들을 보면서 나도 하나님의 동역자가 되어 하나님나라를 이 땅에 이루는 것을 돕고 싶다는 소망을 갖게 되었습니다.

주의 성령이 내게 임하셨으니
이는 가난한 자에게 복음을 전하게 하시려고
내게 기름을 부으시고 나를 보내사 포로 된 자에게 자유를,
눈먼 자에게 다시 보게 함을 전파하며 눌린 자를 자유케 하고
누가복음 4:18

다섯 번째는 대학에서 강의를 통해 하나님의 사랑을 전하고 싶습니다. 제가 만난 하나님을 학생들에게 전하고 싶습니다. 저는 하나님께서 맡겨주신 학생들의 이름을 제 책상 앞에 붙여놓고 생각날 때마다 기도합니다.

"학생들에게 지혜와 총명의 영을 부어주세요. 제 입술을 통하여 꿈과 희망을 전하게 해주세요."

저는 꿈이 없는 학생들에게는 꿈꾸게 하고, 희망을 잃은 학생

"하나님의 **사랑과 은혜가 가득한** 예인 사무실,
이곳을 방문하는 모든 사람들을 **예수님의 이름으로** 축복하고 사랑합니다.
예수님만 바라보세요."

들에게는 희망을 갖게 해주고 싶습니다.

하나님께서 왕이 된 솔로몬에게 가장 큰 소원이 무엇이냐고 물었을 때 솔로몬이 구한 것은 지혜였습니다. 성령님을 만나기 전에 하나님께서 나에게 가장 큰 소원이 무엇이냐고 물어보셨다면 아마 '화상 치유'라고 답했을 것입니다.

그러나 제 평생에 가장 큰 소원이 성령님을 만나면서 바뀌었습니다. 그것은 바로 '하나님의 사랑'입니다. 하나님의 사랑, 그것은 내가 숨 쉴 수 있는 이유이고 살아가는 목적입니다. 이것이 제 남은 일생에 가장 큰 기도제목이 되었습니다. 그래서 저는 날마다 하나님의 사랑을 더 부어달라고 기도합니다.

인간 승리 NO! 하나님의 은혜 YES!

하나님은 제 평생에 늘 꿈을 주셨습니다. 그리고 그 꿈을 하나씩 이루어주셨습니다. 돌이켜보면 꿈을 주시고 소원을 주신 하나님의 은혜가 참으로 놀랍습니다. 어찌 보면 꿈조차 꿀 수 없는 비참한 상황이었지만 하나님은 놀랍게도 꿈을 향해 한 걸음씩 저를 인도하셨습니다.

세상 사람들은 '인간 승리'라고 표현하지만 저는 그렇게 생각하지 않습니다. 제 삶의 모든 여정이 하나님의 은혜요, 그분이 이끄신 사랑의 발자취입니다. 쓰러져서 일어설 수 없는 상태일 때는 예수님께서 나를 안고 오셨습니다. 눈물조차 흐르지 않을 만큼 고통스러울 때면 고통을 잊을 수 있도록 깊은 잠을 주셨고, 고통을 잊을 수 있도록 공부에 대한 열정을 주셨습니다. 그리고 디자이너로서의 재능을 주시고 열심히 일할 수 있도록 해주셨습니다.

이것은 제 노력의 결과가 아닙니다. 제가 똑똑해서 그런 건 더더욱 아닙니다. 저는 세상에서 가장 무식하고 어리석은 사람입니다. 나이에 비해 아는 것도 없고 얼뜨기까지 합니다. 저는 아무 생각 없이 달려오기만 했습니다. 어느 길로 가는지 알지도 못한 채로 그냥 길이 보이는 곳을 향해 있는 힘을 다해 뛰어왔습니다.

그런데 달려온 길을 돌아보니 제 삶의 모든 시간과 장소마다 예수님이 함께하고 계셨습니다. 가장 절망적이고 가장 고통스러운 시간들 속에 하나님의 더 큰 은혜와 사랑이 함께하고 있었습니다.

제가 세상에서 가장 불행하다고 생각했습니다. 그러나 예수 그리스도의 영이신 성령님을 만나고부터 저는 이 세상에서 가장 행복한 사람이 되었습니다. 날마다 부어주시는 하나님의 사랑과 날마다 들려주시는 하나님의 음성 때문입니다. 저는 하나님께 깊이 빠졌고 빠질수록 기쁨이 넘치고, 그 행복감에 주체할 수 없는 뜨거운 눈물이 흐르기도 합니다.

이제 저의 유일한 자랑은 예수님이고, 가장 기쁜 시간은 하나님의 임재 안에 있을 때입니다. 예수 그리스도의 보혈을 통과하여 거룩한 지성소에서 하나님과 만나는 그 시간은 내게 가장 기쁘고 기다려지는 시간입니다. 고요하고 조용한 시간에 따스하게 감싸오는 성령님의 임재와 사랑은 제게 말할 수 없는 기쁨을 줍니다. 그리고 배 속 깊은 곳에서 올라오는 세미하고 고요한 음성을 듣습니다.

"사랑한다. 내 어여쁜 딸아!"

그 한마디에 제 모든 염려와 근심이 순식간에 날아갑니다. 언제 걱정했냐는 듯이 제 안에 기쁨과 평강이 흘러넘칩니다. '하나님이 나의 아빠이고, 나는 그분이 지으신 딸'이라는 사실을 온몸으로 깨달은 순간부터 저는 그리스도 안에서 새로워지기 시작했습니다.

큰 경쟁 입찰이나 어려움 앞에서 두려워할 때면 하나님의 한마디면 무엇이든 할 수 있을 것만 같은 담대함이 생깁니다.

'내 딸아, 강하고 담대하여라. 내가 너와 함께한단다.'

말할 수 없이 크신 하나님의 사랑과 은혜. 생각하고 또 생각해도 나의 나 된 것은 모두 하나님의 은혜입니다. 할렐루야!

하나님의 마음을 움직이는 믿음

저는 인테리어디자이너입니다. 하나님께서 주신 영감과 아이디어로 디자인을 합니다. 머릿속에 그려진 이미지를 스케치로 그려내고, 스케치 안을 구체적인 도면으로 그립니다. 그런 다음 3D로 투시도를 그리거나 모형을 만듭니다. 이것을 가지고 시공업자들이 인테리어디자인을 완성합니다.

"믿음은 바라는 것들의 실상이요 보이지 않는 것들의 증거"라는 히브리서 11장의 말씀처럼 바라는 것들은 디자인의 이미지와 같습니다. 눈에는 보이지 않지만 머릿속에는 분명하게 있습니다. 이처럼 믿음의 실체를 눈으로 보기 위해서는 먼저 이미지를 마음으로 그려야 합니다. 그런 다음 자세하게 도면(圖面)을 그리듯이 구체적으로 기도해야 합니다. 추상적인 이미지로는 아무것도 만들 수 없듯이 구체적으로 기도할 때 하나님께서 우리가 생각하고 그렸던 것 이상으로 멋진 믿음의 실체를 보여주십니다.

제 삶에서 가장 큰 믿음의 실체는 바로 예인건축연구소입니다. 하나님께서 마음에 주신 소원을 붙잡고 기도했습니다. 눈에는 아무 증거도 보이지 않았고 손에 잡히는 건 아무것도 없었습니다. 그러나 마음속에는 뚜렷한 이미지가 있었습니다. 저는 그것을 구체화하여 기도했고 하나님께서는 제가 기도한 도면을 가지고 더 멋지고 아름답게 시공해주셨습니다. 가끔 실력이 없는 시공회사에서 공사하면 제가 그렸던 이미지처럼 디자인이 나오지 않는 경우도 있습니다. 그러나 하나님은 제가 그렸던 이미지 이상으로 아름다운 믿음의 실체를 보여주십니다.

바라는 것들의 실상(實相)은 실제 이미지(real image)이고 마음속에서 꺼지지 않는 소원입니다. 그러나 이 소원을 주시는 분도 하나님이십니다. 그 소원을 붙잡고 기도할 때 하나님의 때에 믿음의 실체를 눈으로 보여주실 것입니다.

가끔 프로젝트를 진행하다보면 중단되는 경우가 있습니다. 아무리 실제적인 이미지를 그리고 구체적인 도면을 그려도 중간에 멈추면 아름다운 공간을 만들어낼 수 없습니다. 모든 이미지와 도면은 물거품이 되는 것입니다. 저는 믿음도 마찬가지라고 생각합니다. 중간에 포기하면 믿음의 실체를 볼 수 없습니다. 가끔 믿음의 시련이 오기도 하고, 포기하고 싶어질 때도 있습니다. 그러나 주일마다 듣는 하나님의 말씀이 믿음을 놓지 않도록 붙잡아주었고, 저는 믿음을 잃지 않기 위해 반복해서 말씀을 듣기도 했습니다.

저는 성경 속 인물 중 아브라함 다음으로 수로보니게 여인의 믿음에 큰 도전을 받았습니다. 다른 사람도 아닌 예수님께 '개'라는 말을 들으면서까지 포기하지 않은 믿음은 놀랍기까지 합니다.

"다윗의 자손 예수여, 나를 불쌍히 여기소서! 내 딸이 흉악한 귀신이 들렸나이다."

예수님은 들은 체 만 체하셨습니다. 첫 번째 거절 그리고 두 번째 거절, 마지막에는 "자녀의 떡을 취하여 개들에게 던짐이 마

'내 눈에 아무 증거 보이지 않고,
손에 잡히는 것이 아무것도 없다 할지라도 믿음의 눈으로
오직 주님 한 분만을 바라봅니다.'

땅치 아니하니라" (마 15:26)라는 말까지 듣습니다.

예수님 앞에서 이런 대접을 받으면서도 포기하지 않는 믿음, 그 믿음은 예수님을 결국 감동시켰고 응답을 받아냈습니다.

"여자야, 네 믿음이 크도다. 네 소원대로 되리라" (마 15:28).

저는 이 여인처럼 예수님을 감동시키는 믿음. 나아가 하나님의 마음을 움직이는 믿음의 여인이 되고 싶습니다.

절망과 고통의 끝에서

하루는 회사에서 믿음에 대한 말씀으로 아침 예배를 드리는데 나의 믿음의 기초가 '하나님의 사랑'이라는 깨달음을 주셨습니다. 내 삶을 통해 깨달은 사실은 하나님을 향한 사랑이 커지고 하나님과 더 친밀해지고 가까워질수록 믿음이 정비례하여 커진다는 것입니다. 하나님이 나를 얼마나 사랑하는지 깨달을 때 제 믿음은 더 커졌습니다.

'하나님의 독생자, 예수님의 생명을 버리기까지 나를 사랑하신 하나님께서 나에게 주지 못할 것이 무엇이 있을까'에 대한 깨달음은 제 믿음의 가장 큰 기초가 되었습니다. 내 안에 계신 하나님, 나에게 부어주시는 하나님의 사랑이 나의 믿음의 뿌리입니다.

하나님이 우리를 사랑하시는 사랑을 우리가 알고 믿었노니

하나님은 사랑이시라

사랑 안에 거하는 자는 하나님 안에 거하고

하나님도 그의 안에 거하시느니라

요한일서 4:16

저는 이제 35년의 시간을 지나왔을 뿐입니다. 하지만 끝나지 않을 것만 같은 고통의 터널이었습니다. 어둠과 절망 외에는 없었습니다. 눈물조차 흐르지 않았던 시간들, 생일 때마다 태어나지 않았으면 좋겠다고 생각했던 시간들, 한번 주저앉으면 영원히 일어날 수 없을 것 같아 쉼 없이 뛰어온 길. 그 길이 드디어 끝났습니다.

예수님께서 모든 아픔과 고통을 청산해주셨습니다. 나에게 빛으로 사랑으로 긍휼함으로 오셨습니다. 그리고 제 옆에서 함께 걷고 계십니다. 늘 나를 바라보시고 위로하시고 새 힘을 주시는 주님, 영원히 목마르지 않는 생수를 주신 주님, 나의 길이요 진리요 생명이신 예수님께 감사와 찬양을 드립니다.

저는 지금 새로 주어진 시간의 강을 건너고 있습니다. 주님 앞에 죄인일 수밖에 없는 제가 자랑할 것은 아무것도 없음을 날마다 깨닫습니다. 그러나 제게 새 생명을 주신 하나님께서 단 한 가지, '네 약함을 자랑하라'고 하십니다. 제가 이제 자랑할 것은 제 상처 입은 얼굴밖에 없음을 깨달았습니다.

제가 약할 때 하나님은 크신 사랑으로 오셨습니다. 더 이상 세상에서 부러울 것도 없고, 부끄러울 것도 없습니다. 그 이유는 오직 하나입니다. 제 안에 오신 예수 그리스도, 그분이 저와 함께 하시기 때문입니다. 그분의 무한한 사랑을 받기에 너무나 부족한 제가 할 수 있는 고백은 이것뿐입니다.

"사랑합니다, 예수님! 당신 한 분만으로 나는 족합니다."

이 글을 읽는 분들 중에 낙심하고 지쳐서 아무것도 할 수 없다고 여기시는 분이 계신가요?

'나 같은 사람이 뭘 할 수 있겠어. 돈도 없고 백도 없고 잘나지도 않았는데….'

부족한 부분이 많을수록 당신은 하나님이 찾고 있는 사람일 가능성이 큽니다. 약한 자를 들어 강한 자를 부끄럽게 하시는 하나님께서 당신이 하나님 앞으로 나오기를 기다리고 계십니다. 우리는 자신의 방법과 경험, 생각을 모두 내려놓고 그분 앞으로 나아가기만 하면 됩니다. 나의 연약함을 가지고 나아가는 그 순간 성령님은 당신을 찾아오실 것입니다.

성령님 없이는 누구나 힘겨운 삶을 살 수밖에 없습니다. 저도 그랬습니다. 아무것도 없었습니다. 절망과 어둠뿐이었습니다. 하지만 예수와 함께 죽고 성령님과 동행하는 삶을 살면서부터 모든 것이 변화되었습니다. 이 책을 통해 절망에 빠진 당신에게 하나님의 따뜻한 사랑과 성령님의 위로가 역사하시길 바랍니다.

그러나 하나님께서 세상의 미련한 것들을 택하사

지혜 있는 자들을 부끄럽게 하려 하시고

세상의 약한 것들을 택하사 강한 것들을 부끄럽게 하려 하시며

고린도전서 1:27

너와 나는 하나

내 심장에 새겨놓은 너의 이름이
어찌 이리 아름다운고.
어찌 이리 사랑스러운고.

너의 심장과 나의 심장이
하나의 줄로 연결되어
네가 우니 나도 울고
네가 웃으니 나도 웃는구나.

나의 사랑하는 자야
네가 말하지 않아도
내 심장이 네 마음을 아니
너와 나는 하나로구나.

네가 슬플 때
내 심장이 심히 떨리고
네가 울 때
내 심장에 슬픔이 배어나오니

네게 고통을 주는 자를
용서치 아니할 것이요
너를 저주하는 자를
내가 저주하리라.

내 사랑하는 자를
멸시하는 자를 내가 멸시하리니
너는 내 것이요
내 피로 값 주고 산 내 것이니라.

너를 잃는 것이 나를 잃는 것이요
너의 고통이 나의 고통이요
너의 눈물이 나의 눈물이니
정녕 너는 내 것이라.

내가 너를 떠나지도 아니하고
내가 너를 버리지도 아니하리니
너는 강하고 담대하라.
내가 세상 끝날까지 너와 함께하리라.

네 약함을 자랑하라

초판 1쇄 발행	2009년 10월 12일		
초판 17쇄 발행	2023년 11월 20일		
지은이	이효진		
펴낸이	여진구		
책임편집	김아진		
편집	이영주 박소영 최현수 안수경 김도연 정아혜		
책임디자인	마영애 노지현 조은혜 이하은		
홍보 · 외서	진효지		
마케팅	김상순 강성민	마케팅지원	최영배 정나영
제작	조영석 허병용	경영지원	김혜경 김경희 이지수

303비전성경암송학교 유니게 과정
이슬비전도학교 / 303비전성경암송학교 / 303비전꿈나무장학회

펴낸곳   규장

주소   06770 서울시 서초구 매헌로 16길 20(양재2동) 규장선교센터
전화   02)578-0003   팩스   02)578-7332
이메일   kyujang0691@gmail.com   홈페이지   www.kyujang.com
페이스북   facebook.com/kyujangbook   인스타그램   instagram.com/kyujang_com
카카오스토리   story.kakao.com/kyujangbook
등록일   1978.8.14. 제1-22

책값   뒤표지에 있습니다.
ISBN 978-89-6097-139-4   03230

규 | 장 | 수 | 칙

1. 기도로 기획하고 기도로 제작한다.
2. 오직 그리스도의 성품을 사모하는 독자가 원하고 필요로 하는 책만을 출판한다.
3. 한 활자 한 문장에 온 정성을 쏟는다.
4. 성실과 정확을 생명으로 삼고 일한다.
5. 긍정적이며 적극적인 신앙과 신행일치에의 안내자의 사명을 다한다.
6. 충고와 조언을 항상 감사로 경청한다.
7. 지상목표는 문서선교에 있다.

하나님을 사랑하는 자 곧 그의 뜻대로 부르심을 입은 자들에게는 모든 것이 合力하여 善을 이루느니라(롬 8:28)

규장은 문서를 통해 복음전파와 신앙교육에 주력하는 국제적 출판사들의 협의체인 복음주의출판협회(E.C.P.A:Evangelical Christian Publishers Association)의 출판정신에 동참하는 회원(Associate Member)입니다.